〈개정판〉

리눅스 프로그래밍 입문을 위한

리눅스 시스템
기초 및 실습

임성락 지음

Linux

Linux System
Basics & Practices

21세기사

PREFACE

핀란드 헬싱키 대학의 학생이었던 리누스 베네딕 토발즈(Linus Benedic Torvalds)가 개발한 리눅스 커널은 GNU 프로젝트의 각종 응용 프로그램과 결합하여 리눅스 운영체제로 태어났다. 리눅스 커널은 공개 소프트웨어로써 전 세계의 수많은 소프트웨어 개발자들의 적극적인 참여로 말미암아 꾸준히 발전하여 오늘날 윈도즈와 함께 가장 많이 사용되고 있는 운영체제 중의 하나가 되었다. 처음엔 PC용 운영체제로만 사용되었던 리눅스 커널이 최근에는 슈퍼컴퓨터를 포함하여 서버 시스템, 태블릿 PC, 스마트폰 등 다양한 환경에서 사용되고 있다. 특히, 리눅스 커널 기반의 안드로이드 운영체제가 개발됨으로써 더욱 다양한 형태의 모바일 기기에서 사용될 것으로 예상한다. 이렇게 적용 분야가 점점 확장되고 있는 리눅스에 입문하여 리눅스 커널 기반의 응용 프로그램을 개발하는 리눅스 프로그래머를 꿈꿔보자.

컴퓨터 시스템의 궁극적인 목적은 소프트웨어, 곧 프로그램을 실행시키기 위함이라고 말할 수 있을 것이다. 컴퓨터 시스템은 하드웨어와 소프트웨어로 구성되어 있으며 소프트웨어는 하드웨어에 의해 실행된다. 따라서 소프트웨어 개발을 꿈꾸는 프로그래머는 본인이 작성한 프로그램이 컴퓨터 시스템에서 어떻게 실행될 것인지를 정확히 아는 것이 매우 중요하다. 왜냐하면, 이것을 잘 알아야만 보다 효율적이고 경쟁력 있는 소프트웨어를 개발할 수 있기 때문이다.

리눅스 환경에서 응용 프로그램을 실행시키고자 할 경우, 셸 프롬프트에서 키보드를 사용하여 원하는 프로그램의 파일명을 입력하고 엔터키를 치면, 그 파일명에 해당하는 프로그램이 실행된다. 이 과정에서 셸은 입력된 파일명에 해당하는 프로그램을 실행시키기 위해 시스템 호출을 통하여 리눅스 커널의 도움을 요청한다. 결국, 응용 프로그램은 리눅스 커널의 도움으로 실행되고 있음을 알 수 있다. 응용 프로그램 실행의 핵심 역할을 담당하는 리눅스 커널의 동작을 모르고 어떻게 경쟁력 있는 리눅스 응용 프로그램을 개발할 수 있겠는가?

이 책은 향후, 리눅스 커널 기반의 응용 프로그램 개발을 꿈꾸는 초보자를 위한 기초 입문서이다. 리눅스 프로그램은 GUI가 아닌 CLI(Command Line Interface) 환경에서 개발된다. 따라서, 리눅스 프로그래머가 되기 위한 시작 단계로써 CLI 환경에서 셸 명령어를 중심으로 기본적인 사용법을 익히고, 응용 프로그램을 작성하고 실행시키는데 필요한 기본적인 유틸리티 및 명령을 실습해 본다. 궁극적인 목표는 리눅스 시스템에서 응용 프로그램이 실행되는 원리를 이해하고, 리눅스 커널의 핵심 개념인 프로세스와 파일에 대한 개념과 이들 사이의 관계를 이해하는 것이다.

이를 위하여 1장에서는 프로그램 실행을 중심으로 컴퓨터 시스템의 동작 원리를 설명하고, 실습환경을 구축한다. 2장과 3장에서 리눅스 명령 구조 및 기본 명령 사용법과 명령을 처리하는 셸의 기능을 소개한다. 4장에서 리눅스의 핵심 개념 중의 하나인 파일에 대한 기본 개념을 설명하고 파일 관리에 관련된 명령을 실습한다. 5장에서는 또 하나의 핵심 개념인 프로세스에 대한 개념을 설명하고 프로세스 관리에 관련된 명령을 소개한다. 6장에서는 프로세스와 파일의 관계로써 프로세스의 파일 접근과 관련된 명령을 실습한다. 7장과 8장에서는 응용 프로그램과 셸 스크립트를 작성하고 실행시키기 위한 유틸리티 및 명령을 소개하고, 마지막으로 9장과 10장에서는 사용자와 시스템 관리에 관련된 명령을 소개한다.

리눅스 커널을 기반으로 한 프로그래밍을 꿈꾸는 초보자를 위한 입문서로써 리눅스 시스템에서 프로그램이 실행되는 원리를 이해하고, 리눅스 커널의 핵심 개념인 프로세스와 파일에 대한 중요성을 인식하고, 이들 사이의 관계를 이해하는 데 많은 도움을 주고자 이상과 같은 내용으로 구성하였으나, 부족한 점은 앞으로 계속 보완할 것을 약속하며 독자 여러분의 많은 충고를 바란다.

끝으로, 원고 정리에 수고해 주신 도서 출판 21세기사 편집실 여러분과 이 범만 사장님께 감사드립니다.

2023년 8월

저 자 씀

CONTENTS

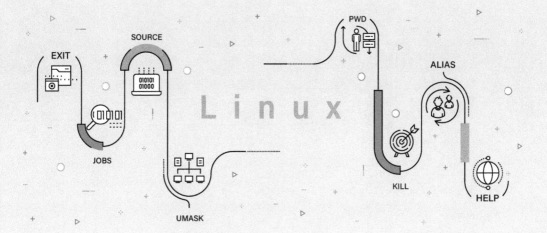

C H A P T E R

1

개요

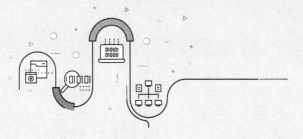

1.1 컴퓨터 시스템

컴퓨터 시스템은 하드웨어와 소프트웨어로 구성되며 소프트웨어는 하드웨어에 의해 실행된다. 소프트웨어를 개발하는 프로그래머는 기본적으로 컴퓨터 시스템에서 어떻게 소프트웨어, 곧 프로그램이 실행되고 있는지 그 원리를 이해하는 것이 매우 중요하다. 컴퓨터 시스템에서 프로그램이 실행되는 원리를 이해하기 위하여 컴퓨터 시스템의 동작 원리에 대하여 정리하여 본다.

1.1.1 하드웨어 구성

컴퓨터 시스템의 하드웨어는 [그림 1-1]과 같이 CPU, 메모리, 그리고 다양한 종류의 입출력 장치들로 구성되어 있다.

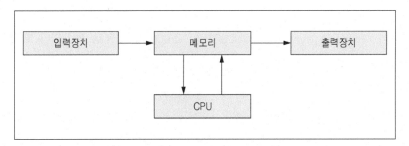

[그림 1-1] 컴퓨터 하드웨어 구성요소

[그림 1-1]에서 CPU(Central Processing Unit)는 명령어(instruction)를 처리하는 장치이다. CPU가 처리할 명령어는 메모리에 적재되어 있다. 메모리에 적재된 프로그램의 명령어가 CPU에 의해 처리될 때, 우리는 "그 프로그램이 실행되고 있다"라고 말한다.

이때 CPU는 메모리에 적재된 여러 명령어 중에서 어느 명령어를 처리해야 할까? 이를 위하여 CPU 내부의 PC(Program Counter) 레지스터를 이용한다. 즉, PC 레지스터값에 해당하는 메모리 주소에 적재된 명령어를 CPU 내부로 가지고 와서 처리한다. 만약 가지고 온 명령어를 처리할 수 없으면 더 진행할 수 없을 것이다. 결국, 컴퓨터 시스템에 전원이 가해지는 순간부터 CPU는 PC 레지스터값에 해당하는 메모리 주소에 적재된 명령어 처리하기를 반복할 것이다.

따라서 컴퓨터 시스템의 동작 원리는 입력 장치를 통하여 기계어로 작성된 명령어들의 집합 즉, 프로그램을 메모리에 적재시켜놓고, CPU가 그 명령어들을 하나씩 처리하여 출력 장치로 그 결과를 출력하도록 PC 레지스터값을 조작하는 것이다.

1.1.2 시스템 부팅

컴퓨터 시스템의 동작 원리를 시스템 부팅(booting) 과정에 적용해 보자. 일반적으로 시스템 부팅은 컴퓨터에 전원을 켜는 순간부터 시작하여 로그인 프롬프트가 출력될 때까지의 과정을 말한다. 예를 들어, 개인용 컴퓨터(IBM 호환 PC)에서 사용되고 있는 i80x86 계열의 CPU는 CS, EIP 레지스터가 PC 레지스터 역할을 한다. 이 컴퓨터에 전원이 가해지는 순간 CS:EIP의 초깃값은 F000:FFF0으로 설정된다. CPU 내부에서 두 레지스터의 값을 이용하여 물리 메모리 주소 FFFF0으로 변환되어 메모리 FFFF0 번지에 적재된 명령어 처리를 시도한다. 이곳에 적재된 명령어가 바로 BIOS(Basic Input Output System)라고 일컫는 프로그램의 시작이다. 한편, 이 프로그램은 전원이 가해지기 전부터 메모리에 적재되어 있어야 하므로 비휘발성 메모리인 ROM을 사용하고 있어 이 프로그램을 "ROM-BIOS"라고 부른다.

ROM-BIOS는 부팅 디바이스(예: HDD, FDD, …)로부터 부트 프로그램(boot program)을 메모리 7C00 번지에 적재하고 CS:EIP 레지스터의 값을 07C0:0000으로 설정한다. 따라서 CPU는 메모리 7C00에 적재된 명령어 즉 부트 프로그램의 첫 번째 명령어부터 시작하여 CS:EIP 레지스터값에 따라 하나씩 실행될 것이다.

부트 프로그램은 부팅 디바이스에서 운영체제를 메모리에 적재한 후, CS:EIP 레지스터 값을 운영체제가 적재된 메모리 주소로 설정함으로써 운영체제 프로그램이 초기화된다. 운영체제가 초기화된 후, 바탕화면 혹은 명령어를 받아들이기 위한 프로그램이 메모리에 적재되어 무한루프를 돌면서 입력 장치를 통한 사용자의 명령어를 기다리게 된다. 이 단계에 이르면 "컴퓨터 시스템이 정상적으로 부팅되었다"라고 말한다.

정상적으로 부팅된 후, 응용 프로그램을 실행시키고자 할 경우, 사용자에 의해 입력된 응용 프로그램이 실행되는 과정도 부팅 과정에서와 마찬가지로 그 프로그램이 저장된 보조 기억 장치로부터 메모리로 적재되고 CPU의 CS:EIP 값을 적재된 메모리 주소로 설정되어야 한다. 이러한 복잡하고 어려운 과정을 운영체제가 서비스해 주고 있으므로 사용자는 컴퓨터 시스템에서 응용 프로그램을 쉽게 실행시킬 수 있다.

1.1.3 운영체제

컴퓨터 시스템의 동작 원리를 응용 프로그램이 실행되는 과정에 적용해 보자. 일반적으로 응용 프로그램은 운영체제를 이용하여 실행시키고 있다. 예를 들어, 리눅스 환경에서 응용 프로그램을 시키는 가장 간단한 방법은 셸 프롬프트에서 실행시키고자 하는 프로그램의 파일명을 입력하면 된다. 한편, GUI 환경에서는 아이콘을 더블 클릭함으로써 아이콘과 연결된 프로그램을 실행시킨다.

이처럼 키보드를 통해 파일명을 입력하거나 마우스를 사용하여 아이콘을 더블클릭 함으로써 프로그램이 실행되기 위해선 반드시 셸 프롬프트 혹은 GUI 화면 상태이어야 함을 유의하자. 셸 프롬프트 혹은 GUI 화면 상태에서 입력된 파일명 혹은 아이콘에 연결된 프로그램이 실행되기 위해선 다음과 같은 기능들이 요구된다.

① 키보드 혹은 마우스 인터럽트를 처리한다. (인터럽트 처리)
② 응용 프로그램을 보조 기억 장치에서 찾는다. (파일 시스템)
③ 메모리의 빈 공간을 찾는다. (메모리 관리)
④ 보조 기억 장치로부터 프로그램을 메모리로 적재한다. (입출력 장치 관리)
⑤ CPU를 할당한다. (CPU 관리)

이처럼 응용 프로그램을 실행시키기 위하여 요구되는 이렇게 복잡하고 다양한 기능들을 운영체제에서 제공한다. 그러므로 프로그램을 작성하고 실행시키기 위하여 운영체제의 역할이 매우 중요하다.

1.2 리눅스

1.2.1 리눅스 탄생

리눅스는 1991년 핀란드 헬싱키 대학의 학생이었던 리누스 토발즈(Linus Torvalds)가 개발한 커널에서 시작된 운영체제이다. 토발즈의 목표는 그 당시 유닉스(Unix)를 모방하여 교육용으로 사용되고 있던 미닉스(Minix) 보다 더 좋은 운영체제를 만드는 것이었다. 유닉스는 1969년 AT&T 벨 연구소의 켄 톰슨(Ken Thompson)이 개발한 커널에서 시작된 운영체제이다. 반면, 미닉스는 헬싱키 대학의 앤드류 탄넨바움(Andrew S. Tanenbaum) 교수가 개발한 유닉스 계열의 작은 운영체제이다. 리눅스 커널은 미닉스의 원본인 유닉스 커널과 매우 유사하며 각종 명령이나 사용자 인터페이스에 대한 유닉스 표준을 준수하여 완벽한 호환성을 제공한다. 따라서 리눅스는 이름에서도 알 수 있듯이 유닉스 계열의 운영체제이다.

커널은 운영체제의 핵심이 되는 부분이다. 따라서 토발즈가 개발한 커널만으로는 운영체제로 사용할 수 없다. 왜냐하면, 사용자와 인터페이스 할 수 있는 프로그램이 없기 때문이다. 운영체제로 사용되기 위해서는 사용자 인터페이스를 위한 GUI, 셸, 편집기, 컴파일러 등 사용자의 편의성을 위한 유틸리티 프로그램이 커널과 함께 제공되어야 한다. 이러한 유틸리티 프로그램을 리처드 스톨만(Richard Stallman)이 설립한 자유 소프트웨어 재단(FSF)의 GNU 프로젝트에서 제공함으로써 운영체제로 완성되었다. 이처럼 리눅스 탄생에는 GUN 프로젝트의 역할이 컸으므로 "GNU/Linux" 이라고 일컫는다.

현재 사용되고 있는 리눅스는 리눅스 커널에 GNU 소프트웨어와 라이브러리 그리고 다양한 공개 소프트웨어들을 합쳐서 만들어진 배포판이다. 아주 많은 종류의 리눅스 배포판이 제공되고 있지만, 크게 레드햇(Red Hat) 계열, 데비안(Debian) 계열, 그리고 슬랙웨어(Slackware) 계열로 구분할 수 있다. 우분투 리눅스는 데비안 계열에 속한다.

1.2.2 리눅스 구성

리눅스는 운영체제로써 [그림 1-2]와 같이 하드웨어 관리를 주로 담당하는 커널을 기본으로, 셸, 그리고 다양한 종류의 유틸리티 및 응용 프로그램으로 구성되어 있다.

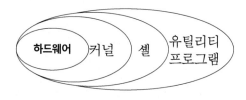

[그림 1-2] 리눅스 구성요소

[1] 커널

커널(kernel)은 리눅스의 핵심으로써 CPU, 메모리, 입출력 장치와 같은 물리적인 자원과 프로세스, 파일과 같은 추상적인 자원을 관리하는 기능을 제공한다.

1991년 토발스에 의해 시작된 커널은 1969년 켄 톰슨에 의해 개발되어 사용되고 있던 유닉스 시스템과 완벽한 호환성을 유지하고 있으며 유닉스 커널 개발의 중심 개념이 그대로 녹아있다. 그것이 바로 프로세스와 파일 개념이다. 유닉스에서는 모든 입출력 장치를 파일 개념으로 취급하며 프로세스는 파일로써 자원을 사용한다. 따라서 유닉스의 주된 역할은 프로세스와 파일을 관리하는 것이다. 이러한 중심 개념이 녹아있는 리눅스 커널 내부는 [그림 1-3]과 같이 크게 프로세스 관리 서브 시스템, 파일 서브 시스템, 입출력 장치 구동기로 구분하여 많은 루틴이 존재하며 이들의 상호 호출 관계가 매우 복잡한 형태의 모노리딕(monolithic) 구조로 구현되어 있다.

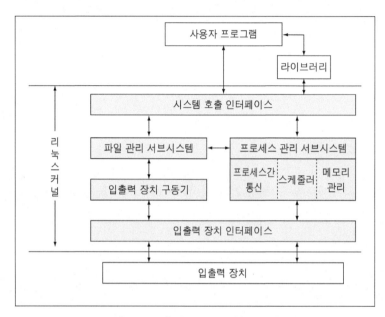

[그림 1-3] 리눅스 커널 내부구조

① 파일 관리 서브 시스템

파일 관리 서브 시스템은 파일이 생성되어 삭제될 때까지 파일 관리를 총괄적으로 담당하는 함수들의 집합으로써 일반 파일, 디렉터리, 그리고 장치 파일 관리를 위한 루틴들을 포함한다. 이 루틴들은 프로세스 관리 서브 시스템과 밀접한 관계를 유지하고 있다.

② 프로세스 관리 서브 시스템

프로세스 관리 서브 시스템은 프로세스가 생성되어 종료될 때까지 프로세스 관리를 총괄적으로 담당하는 함수들의 집합으로써 프로세스 스케줄링, 프로세스간 통신, 그리고 메모리 관리를 위한 루틴들을 포함한다. 이 루틴들은 운영체제의 많은 기능을 담당하며 상호 매우 밀접한 관계가 있으므로 세분화하기 어렵다.

③ 시스템 호출 인터페이스

사용자 모드에서 실행되는 사용자 프로그램은 시스템 호출을 통하여 커널에서 제공하는 서비스들을 요청한다. 시스템 호출 인터페이스 루틴은 사용자 프로그램과 커널 사이의 인터페이스를 담당하는 루틴으로써 시스템 호출에 의한 커널 진입점이다. 이 루틴에서는 시스템 호출의 종류를 구별하여 내부에 존재하는 해당 서비스 함수를 호출한다.

④ 입출력 장치 인터페이스

입출력 장치 인터페이스 루틴은 입출력 장치와 커널 사이의 인터페이스를 담당하는 루틴으로써 인터럽트에 의한 커널 진입점이다. 이 루틴에서는 입출력 장치에 의한 인터럽트의 종류를 구별하여 해당 서비스 함수를 호출한다. 따라서 입출력 장치를 제어하기 위한 디바이스 드라이버와 매우 밀접한 관계를 유지하고 있다.

[2] 셸

셸(shell)은 사용자와 리눅스 사이의 인터페이스를 담당하는 특별한 프로그램으로 사용자는 셸을 통하여 리눅스와 대화한다. 사용자의 명령을 받아 해석하여 커널의 도움으로 처리하기 때문에 명령 해석기(command interpreter)라고 부른다. 셸은 키보드로 직접 명령을 입력하는 방식의 CLI(Command Line Interface)와 마우스 클릭으로 메뉴를 선택하는 GUI(Graphical User Interface)로 분류할 수 있다. 또한 스크립트 언어로 작성된 프로그램을 실행하는 기능도 있다. 이 책에서 다루는 대부분 내용 및 실습은 CLI 방식의 셸을 통한 인터페이스 수단으로써 다양한 명령을 실행시켜 봄으로써 리눅스 커널의 기능에 대하여 알아볼 것이다. 셸에는 여러 가지 종류가 있지만, 리눅스에는 배시(bash) 셸을 기본으로 사용한다.

[3] 유틸리티 및 응용 프로그램

리눅스에서 제공하는 라이브러리와 함께 사용자의 편의성을 위하여 다양한 종류의 유틸리티 및 응용 프로그램을 제공한다. 리눅스에 설치되는 유틸리티 및 응용 프로그램은 대부분 GNU에서 개발되고 GPL을 따르고 있어 오픈 소스 형태로 존재하므로 쉽게 설치할 수 있다. 예를 들어, 프로그램 개발에 필요한 각종 프로그래밍 개발 도구로써 문서 편집기, 컴파일러, 디버거 등 다양한 종류의 응용 프로그램을 제공한다. 또한 시스템 보안, 네트워크 등 시스템 관리와 관련된 다양한 유틸리티 프로그램도 제공한다.

1.3 실습환경 구축

1.3.1 가상 머신

가상 머신(virtual machine)은 실제(real)가 아닌 가상(virtual)으로 존재하는 컴퓨터를 말한다. 한편, 가상 머신을 생성하는 프로그램을 가상 머신 프로그램이라고 한다. 가상 머신 프로그램은 실제로 존재하는 컴퓨터에 설치된 운영체제(호스트 OS)에 가상의 컴퓨터를 만들고, 그 가상의 컴퓨터 안에 또 다른 운영체제(게스트 OS)를 설치할 수 있도록 한다. 예를 들면, 가상 머신 프로그램은 윈도즈(호스트 OS)가 설치된 PC에 가상 머신을 생성하여 리눅스(게스트 OS)를 설치할 수 있도록 한다.

가상 머신은 하나의 PC에 2개의 운영체제를 설치하는 또 다른 방법인 멀티 부팅과는 다른 개념이다. 멀티 부팅은 하드 디스크의 파티션을 나누어 각각의 파티션에 하나의 운영체제를 설치한 후, 부팅 시 운영체제를 선택하도록 한다. 그러나 가상 머신은 파티션을 나누지 않고 호스트 OS로 부팅 후, 게스트 OS를 호스트 OS의 응용 프로그램처럼 실행시킨다.

가상 머신 프로그램은 여러 가지가 있는데 현재 많이 사용하는 것은 [표 1-1]과 같다. 이 중 VMware는 상용 제품으로 가장 안정적으로 서비스되어 널리 사용되고 있으며 다양한 제품군을 제공한다. 이 책에서는 무료로 사용할 수 있는 VMware Workstation Player를 사용하여 실습환경을 구축하도록 한다.

[표 1-1] 가상 머신 프로그램 비교

프로그램	호스트 OS	게스트 OS
VMware	윈도즈, 리눅스, 맥OS	윈도즈, 리눅스, 솔라리스, 맥OS
Virtual PC	윈도즈	윈도즈, 리눅스, 솔라리스
Virtual Box	윈도즈, 리눅스, 솔라리스, 맥OS	윈도즈, 리눅스, 솔라리스, 맥OS

1.3.2 가상 머신 설치

(1) VMware Workstation Player 다운로드

① VMware 홈페이지 <www.vmware.com/kr> 접속

② [Workspace] 메뉴의 우측 아랫부분에 [Workstation Player] 클릭

③ [무료 다운로드] 클릭!

④ [GO TO DOWNLOADS] 클릭!

⑤ Windows 64-bit 용 [DOWNLOAD NOW] 클릭!

⑥ 바탕화면에 <VMWare-Player Setup Wizard> 아이콘 생성

(2) VMware Workstation Player 설치

① <VMware-player> 바로 가기 실행 : [Next] 클릭!

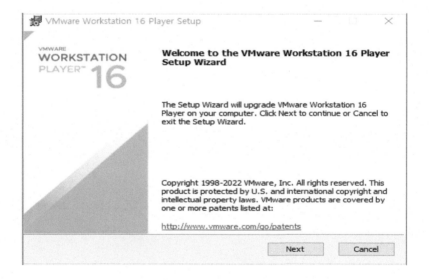

② License 동의 : 체크 & [Next] 클릭!

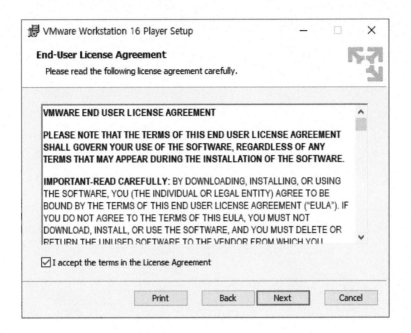

③ VMware Workstation 설치 폴더 : D\Ubuntu64\ 지정 & [Next] 클릭!

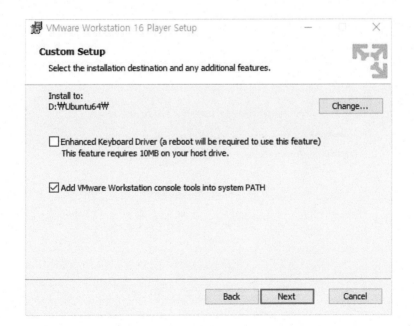

④ 사용자 경험 설정 : [Next] 클릭!

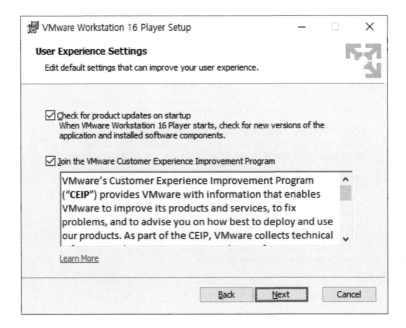

⑤ 빠른 실행(Shortcuts) :[Next] 클릭!

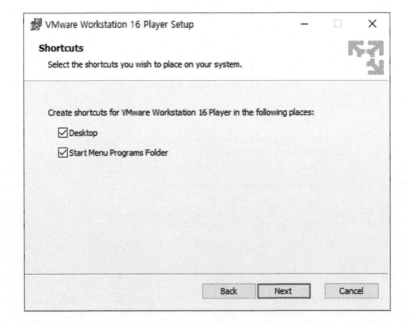

⑥ 설치 준비 완료 [Next] 클릭 : [Install] 클릭!

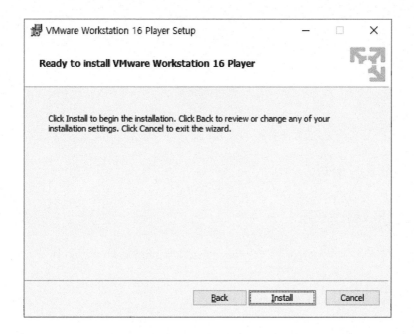

⑦ 설치 완료 :[Finish] 클릭!

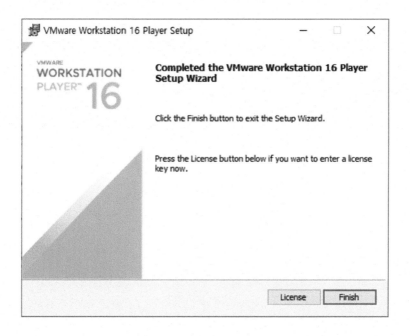

⑧ 바탕화면에 <VMware Workstation Player> 아이콘이 생성된다.

1.3.3 리눅스 설치

[1] 우분투 다운로드

① 구글 검색 [우분투 다운로드] : <Download Ubuntu Desktop> 클릭!

https://ubuntu.com › download › desktop ▾

Download Ubuntu Desktop

Ubuntu 22.04 LTS. Download the latest LTS version of Ubuntu, for desktop PCs and laptops.
LTS stands for long-term support — which means ...
Alternative downloads · WSL · Raspberry Pi · Install Ubuntu on Xilinx

② 최신 버전(Ubunt 22.04 LTS) <Download> 클릭!

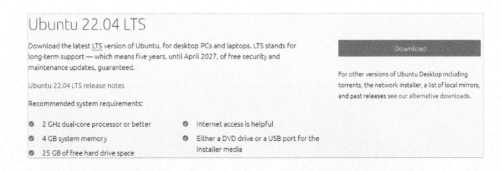

③ 우분투 파일 이름: ubuntu-22.04-desktop-amd64

(※ 파일이 저장될 폴더 및 파일 이름을 꼭 확인하여야 한다.)

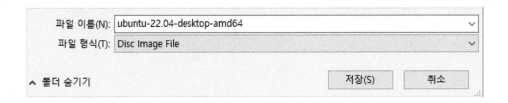

[2] 우분투 설치

① VMWare Workstation Player 실행 → [Create a New Virtual Machine] 클릭!

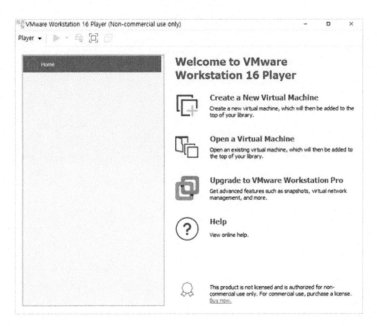

② [Install disk image file(iso)] 선택
  - 파일의 경로명(D:\Ubuntu64\ubuntu-22.04-desktop-amd64.iso)을 지정

③ 사용자 이름과 암호 입력

④ 가상 머신 이름과 설치 위치 지정
  - 가상 머신 이름: \<Linux\> 지정
  - 설치 위치: \<D:\Linux\> 지정

⑤ 디스크 용량과 저장 방식 설정
  - 디스크 용량 : 25.0GB
  - 저장 방식 : \<Split virtual disk into multiple files\> 선택

⑥ 가상 머신 생성 준비 완료
- 설정값 확인 후, <Finish> 선택

⑦ 우분투 자동 설치 시작 (25분 정도 소요)
- 키보드 레이아웃: <Korean(101/104)> 선택

CHAPTER 1 개요 **33**

- 소프트웨어 업데이트 – Continue!

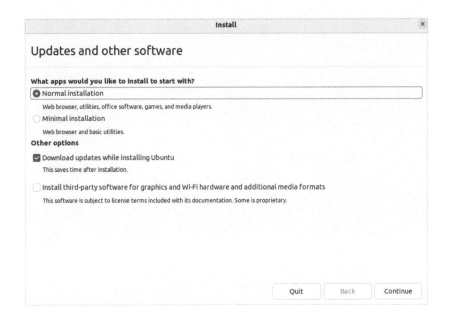

- 설치 유형: Install Now!

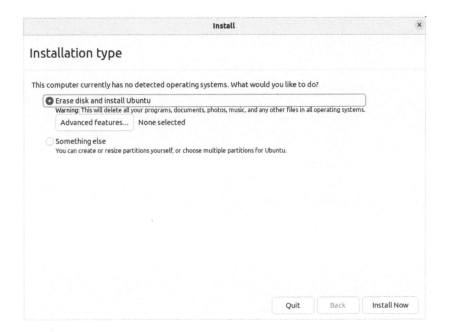

- 지역(Seoul): Continue!

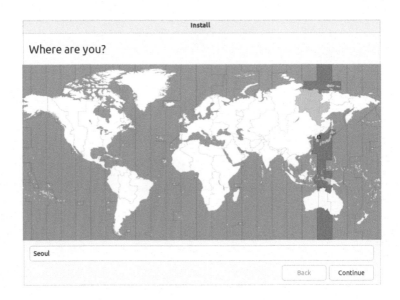

- 사용자 로그인 이름 : user1
- 컴퓨터 이름 : ubuntu
- 로그인 암호 설정 및 확인
- 로그인 암호 요청 선택

⑧ 우분투 설치 완료: Restart Now!

[3] 우분투 사용

① 로그인(Login) 대기 화면에서 user1의 암호를 입력한다.

② 로그인에 성공하면 다음과 같은 선택 화면이 출력된다.

- 온라인 계정 연결: Skip!

- Help improve Ubuntu : No & Next!

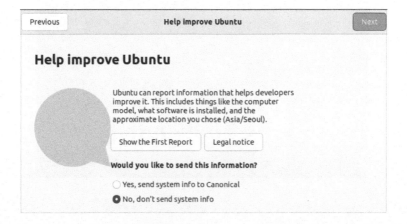

- 위치 정보, 서비스 : Next!

- Ready to go : Done!

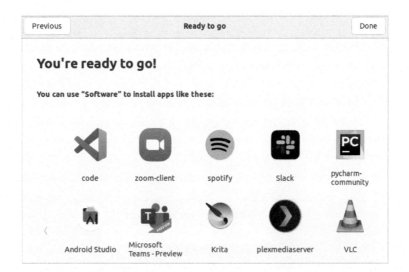

③ 설치가 완료되면 다음과 같은 GUI 형태의 초기 화면이 출력된다.

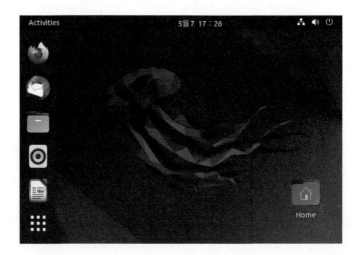

④ 명령을 입력하기 위한 CLI 형태의 터미널(Terminal) 창을 다음과 같은 방법으로 연다.

- 왼쪽 위의 [Activities] → 검색 창에서 "Terminal" 입력
- 또는 왼쪽 맨 아래 아이콘 [Show Applications]→ "Terminal" 선택
- 또는 <Ctrl+Alt+t> 키를 이용하여 [터미널] 실행

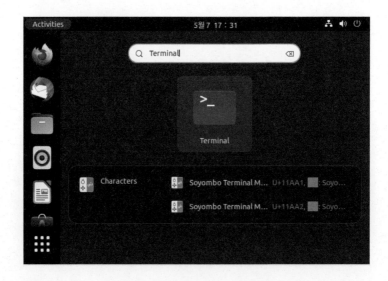

⑤ 다음과 같은 [터미널] 창이 열리면서 왼쪽 [터미널] 아이콘에 점이 표시된다. 이
   제, 리눅스 명령을 입력하여 실행시키기 위한 실습환경이 구축되었다.

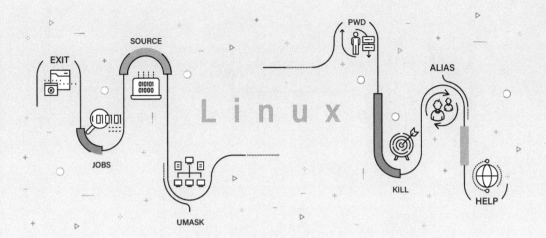

2

리눅스 명령

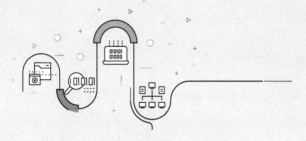

오늘날 리눅스 시스템은 GUI(Graphical User Interface) 환경과 함께 전통적으로 키보드를 사용하는 CLI(Command Line Interface) 환경을 제공한다. 일반 사용자는 GUI 환경에서 주로 마우스를 사용하여 아이콘을 클릭하지만, 관리자 혹은 프로그램 개발자들은 CLI 환경에서 키보드를 사용하여 명령을 입력한다.

이 장에서는 CLI 환경에서 키보드를 사용하여 리눅스 명령을 입력하고 프로그램을 실행시키기 위한 [터미널]과 명령 사용법에 대하여 알아보고, 간단한 형태의 기초적인 명령을 실습해 보도록 한다.

2.1 CLI 환경

CLI 환경에서 키보드를 사용하여 리눅스 명령을 입력하고 프로그램을 실행시키려면 [터미널] 창을 열어야 한다.

2.1.1 터미널 시작

로그인을 성공한 후, GUI 화면에서 [터미널] 아이콘을 더블클릭하면 [그림 2-1]과 같은 터미널 창이 열린다. 이 터미널 창은 윈도즈의 명령 창(cmd) 혹은 파워셸(PowerShell)과 같은 것이다.

```
user1@ubuntu:~$
```

[그림 2-1] 터미널 창

[그림 2-1]에서 "user1@ubuntu:~$"과 같은 문자열을 "프롬프트(prompt)"이라고 일 컫는다. 이 경우, 'user1'은 로그인 이름, 'ubuntu'는 호스트 이름, '~' 기호는 홈 디렉 터리를 의미한다. 마지막으로, '$'는 기본 셸의 프롬프트 표시이다. 프롬프트의 모양 은 변경할 수 있으며 변경 방법은 3.2에서 소개하도록 한다. 결국, 터미널 창의 프롬 프트는 키보드를 통한 사용자의 명령 입력을 받아들일 준비가 되었음을 알리는 표시 이다.

2.1.2 터미널 종료

터미널 창은 다음과 같은 명령 혹은 컨트롤 키 입력으로 [터미널] 프로그램 실행 을 종료시킬 수 있다. 물론, 마우스를 사용하여 오른쪽 위에 있는 ☒ [창 닫기]를 클 릭해도 된다.

① 명령 : exit
② 키 입력 : <Ctrl+d>

2.2 명령 구조와 유형

2.2.1 명령 구조

리눅스 명령의 구조는 다양하지만, 기본적으로 다음과 같은 요소로 구성된다.

```
$ 명령 [옵션] [인자]
```

① 명령 : 명령 이름.
② [옵션] : 명령에 대한 옵션(선택사항)으로 생략이 가능.
③ [인자] : 명령을 처리할 때 전달되는 값으로 생략이 가능.

같은 명령에서도 [옵션] [인자]에 따라 여러 가지 경우가 존재할 수 있다.

① 명령만 있는 경우.

② 명령과 [옵션]만 있는 경우.

③ 명령과 [인자]만 있는 경우.

④ 명령과 [옵션], 그리고 [인자]가 있는 경우.

예를 들어, ls 명령에도 [그림 2-2]와 같이 여러 가지 경우가 존재한다.

```
$ ls          ← 경우①
ch1  hello  hello.c
$ ls -l       ← 경우②
total 28
drwxrwxr-x   2 user1 user1  4096 Dec 24 17:36 ch1
-rw-rw-r-- 1 user1 user1     65 Dec 20 17:37 hello.c
$ ls ch1      ← 경우③
one.c  two.c
$ ls -l ch1      ← 경우④
total 12
-rw-rw-r-- 1 user1 user1 126 Dec 24 17:36 one.c
-rw-rw-r-- 1 user1 user1  81 Dec 24 17:36 two.c
$
```

[그림 2-2] ls 명령

2.2.2 명령 유형

1.2.2에서 소개한 것처럼 리눅스의 모든 명령은 셸에 의해 처리된다. 한편, 리눅스 명령 유형에는 내부 명령과 외부 명령이 있다. 셸 내부에서 처리되는 명령을 "내부 명령", 셸 외부에서 처리되는 명령을 "외부 명령"이라고 일컫는다. 내부 명령은 셸 내부에 구현되기 때문에 매우 제한적이다. 따라서 리눅스 명령의 대부분은 셸 외부에서 처리되는 외부 명령에 해당한다.

내부 명령(예: exit)은 셸 프로그램(/bin/bash) 내부에 구현되어 있다. 반면, 외부 명령(예: cat)은 /bin 혹은 /usr/bin 디렉터리에 실행 파일 형태로 존재한다. 셸은 외부 명령을 처리하기 위하여 커널의 도움을 받아 명령에 해당하는 실행 파일을 실행시킨다. 한편, 일반 사용자가 개발한 응용 프로그램을 실행시키기 위한 명령도 외부 명령에 해당한다. 결국, 모든 리눅스 명령은 셸 내부에서 처리되거나 명령에 해당하는 프로그램을 커널의 도움을 받아 실행시킴으로써 처리되는 것이다. 이런 의미에서 셸을 명령 해석기(command interpreter)라고 부른다.

셸에서 제공하는 다양한 종류의 명령에 대한 사용법을 셸에서 직접 확인할 수 있으므로 이를 활용하는 것이 매우 유용하다. 리눅스 명령 사용법에 대한 도움말을 확인하는 명령에 대하여 알아보자.

[1] help : 내부 명령

내부 명령에 대한 도움말은 help 명령을 통하여 확인할 수 있다. 옵션 없이 help 명령을 실행하면 내부 명령의 목록을 보여준다. 목록 중에서 확인하고 싶은 명령을 옵션, 인자와 함께 실행하면 된다.

형식	help [옵션] [인자]
기능	셸 내부 명령에 대한 도움말 보기
옵션	-d : 간단한 개요를 보여준다. -m : man 형식으로 자세히 보여준다. -s : 간단한 사용법을 보여준다.

예를 들어, exit 명령에 대한 사용법을 알아보기 위하여 [그림 2-3]과 같이 명령을 입력하면 간단한 개요와 사용법을 보여준다. 옵션을 생략하여 실행할 수도 있으며, -m 옵션을 주면 자세한 사용법을 보여줄 것이다.

```
$ help -d exit
exit - Exit the shell.
$ help -s exit
exit: exit [n]
$
```

[그림 2-3] help 명령

내부 명령에는 [표 2-1]과 같은 것들이 있으며 자세한 사용법에 대해서는 앞으로 소개할 것이다.

[표 2-1] 내부 명령

내부 명령	기능	설명
exit	현재 셸 종료	2.1.2
help	내부 명령에 대한 도움말 보기	2.2.2
set	환경변수 보기	3.2.2
alias	엘리어스 설정	3.3.3
history	히스토리 목록 보기	3.3.3
cd	디렉터리 이동	4.2.1
pwd	현재 작업 디렉터리	4.2.1
kill	프로세스 종료	5.2.2
jobs	작업 목록 보기	5.2.3
umask	기본 접근 권한 값	6.2.2
source	셸 스크립트를 실행	8.1.2

[2] man :외부 명령

외부 명령에 대한 도움말은 man 명령을 통하여 확인할 수 있다. help 명령은 오직 내부 명령에 대한 도움말만 볼 수 있지만, man 명령은 외부 명령을 포함하여 시스템 호출, 라이브러리 함수 등에 대한 사용법을 보여준다.

예를 들어, man 명령에 대한 사용법을 알아보기 위한 명령을 다음과 같이 입력하면 [그림 2-4]와 같이 여러 가지 정보를 보여준다. 마지막 줄에서 볼 수 있듯이 'q'를 입력하면 man 명령의 실행이 종료된다.

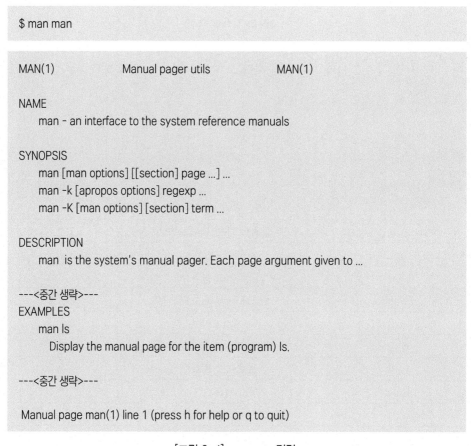

```
$ man man


MAN(1)                    Manual pager utils              MAN(1)

NAME
    man - an interface to the system reference manuals

SYNOPSIS
    man [man options] [[section] page ...] ...
    man -k [apropos options] regexp ...
    man -K [man options] [section] term ...

DESCRIPTION
    man  is the system's manual pager. Each page argument given to ...

---<중간 생략>---
EXAMPLES
    man ls
        Display the manual page for the item (program) ls.

---<중간 생략>---

 Manual page man(1) line 1 (press h for help or q to quit)
```

[그림 2-4] man man 명령

[그림 2-4]의 첫 줄에 보이는 "MAN(1)"은 명령 이름과 섹션 번호이다. 이 번호는 명령 이름이 외부 명령, 시스템 호출 혹은 라이브러리 등 어느 섹션에 속한 것인지를 나타낸다. 같은 이름의 명령이 여러 섹션에 포함될 수도 있으므로 이를 구분하기 위한 번호로써 그 의미는 [표 2-2]와 같다.

[표 2-2] man 섹션

번호	의미
1	외부 명령
2	시스템 호출 함수명
3	C 라이브러리 함수명
4	특수 파일과 드라이버
5	파일 형식
6	게임과 화면 보호기
7	기타
8	시스템 관리 명령과 데몬

예를 들어, printf는 외부 명령 섹션(1) 이면서 C 라이브러리 함수명 섹션(3)에 존재한다. 이 경우, 섹션 번호를 생략하고 "man printf"를 입력하면 [그림 2-5]와 같이 명령 섹션(1)에 대한 사용법에 대한 도움말이 출력된다. 따라서 C 라이브러리 함수명 섹션(3)에 대한 사용법에 대한 도움말을 보고자 할 경우, 섹션 번호를 추가하여 "man 3 printf"와 같이 입력해야 한다.

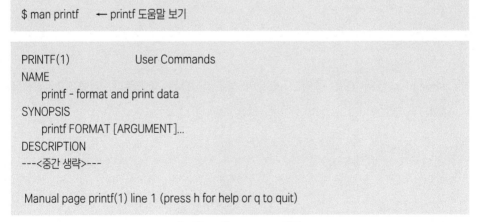

```
$ man printf     ← printf 도움말 보기


PRINTF(1)                 User Commands
NAME
    printf - format and print data
SYNOPSIS
    printf FORMAT [ARGUMENT]...
DESCRIPTION
---<중간 생략>---

 Manual page printf(1) line 1 (press h for help or q to quit)
```

[그림 2-5] man printf 명령

2.2.3 기본 명령

리눅스에서 제공하는 간단한 형태의 기본 명령을 입력하고 실행시켜 보자. 명령을 입력할 때 오타로 인한 오류가 발생할 경우가 있다. 입력된 명령을 편집하는 과정에서 좌우 방향키(◀,▶) 혹은 <Home/End> 키를 이용하여 커서를 이동할 수 있다. 한편, 입력한 명령을 수정해야 할 경우, <Backspace/Delete> 키를 이용하여 삭제할 수 있다. <Ctrl+w/Ctrl+u> 키를 이용하여 단어 단위 혹은 문장 단위의 삭제도 할 수 있다. 참고로 상하 방향키(▲,▼)는 그 기능이 다름으로 주의하자.

[1] 사용자 관련 명령

리눅스는 다중 사용자(multi-user) 시스템이므로 여러 사용자가 동시에 로그인할 수 있다. 또한 로그인 후에 다른 사용자로 변경될 경우, 로그인 ID와 사용자 ID가 다를 수 있다.

① logname : 현재 사용 중인 사용자의 로그인 ID를 보여준다.

```
$ logname    ← 로그인 ID 확인
user1
$
```

② whoami : 현재 사용 중인 사용자의 사용자 ID를 보여준다. 일반적으로 사용자 ID는 로그인 ID와 같지만, 항상 같은 것은 아니다.

```
$ whoami    ← 사용자 ID 확인
user1
$
```

③ who : 현재 시스템에 로그인한 모든 사용자 ID와 터미널 번호 및 로그인 시간을 보여준다.

```
$ who
user1   tty0      2023-06-22 10:13 (tty0)
user2   tty1      2023-06-22 11:15 (tty1)
$
```

④ users : 현재 시스템에 로그인한 모든 사용자 ID만 보여준다.

```
$ users
user1   user2
$
```

⑤ id : 현재 사용자의 사용자 ID와 사용자가 속한 그룹 ID를 보여준다.

```
$ id     ← 사용자 ID, 사용자가 속한 그룹 ID 확인
uid=1000(user1) id=1000(user1) 그룹들=1000(user1),4(adm)
$
```

⑥ su(substitute user) : 현재 사용자의 사용자 ID를 변경한다. 변경하려는 사용자 ID의 암호를 알아야 한다.

```
$ su user2     ← 현재 사용자 ID(user1)를 user2로 변경
Password:
$ logname      ← 현재 사용자 ID(user2)의 로그인 ID 확인
user1
$ whoami       ← 현재 사용자 ID(user2) 확인
user2
$ exit         ← 현재 사용자 ID(user2)에서 user1으로 복귀
$
```

[그림 2–6] su 명령

[그림 2-6]에서 su 명령으로 사용자 ID를 user2로 변경하였을 경우, 로그인 ID는 user1이지만, 사용자 ID는 user2로 변경되어 다름을 알 수 있다. 기본적으로 로그인 ID와 사용자 ID는 같지만, 서로 다를 수도 있음을 유의하자.

⑦ passwd : 현재 사용자가 자신의 암호를 변경한다.

```
$ passwd     ← 사용자(user1) 자신의 암호 변경
Changing password for user1.
Current password:
New password:
Retype new password:
passwd: password updated successfully
$
```

[그림 2-7] passwd 명령

[그림 2-7]에서 passwd 명령으로 자신의 암호를 변경할 경우, 먼저 현재 암호를 입력하고, 새로운 암호를 두 번 입력해야 한다. 이때 문자의 입력 상태를 보여주는 아무런 표시가 출력되지 않음을 유의하여 정확하게 입력하면 된다. 참고로 시스템 관리자(root)는 모든 사용자의 암호를 변경할 수 있다.

사용자 관리와 관련된 명령에 대한 자세한 설명은 9장에서 소개하도록 한다.

[2] 시스템 관련 명령

① date : 현재 시스템의 날짜와 시간을 보여준다.

```
$ date    ← 현재 시간 확인
2023. 06. 22. (목) 10:55:03 KST
$
```

② hostname : 현재 사용 중인 시스템의 호스트 이름을 보여준다.

```
$ hostname     ← 시스템의 호스트 이름 확인
ubuntu
$
```

③ uname : 리눅스 시스템에 대한 정보를 보여준다.

```
$ uname     ← 시스템의 커널 이름 확인
Linux
$ uname -a     ← 시스템의 모든 정보 확인
Linux ubuntu 5.15.0-27-generic #28-Ubuntu ...  ... ... GNU/Linux
$
```

uname 명령을 옵션 없이 실행하면 커널 이름만 보여준다. 한편, -a 옵션과 함께
uname 명령을 실행할 경우, 출력된 정보의 의미는 [표 2-3]과 같다.

[표 2-3] 'uname -a' 출력정보

출력정보	의미
Linux	커널 이름
5.15.0-27-generic	커널 릴리스 번호
#28~20.04.1-Ubuntu...	커널 버전 및 빌드 날짜
x86_64	프로세서 정보
GNU/Linux	운영체제 이름

④ lscpu : CPU에 대한 정보를 보여준다.

```
$ lscpu     ← CPU 정보 확인
Architecture:   x86_64
CPU op-mode(s): 32-bit, 64-bit
CPU(s):      2
---<중간 생략>---
$
```

⑤ sleep : 프로그램의 실행을 일정 시간 동안 정지시킨다. 정지시간은 초(seconds) 단위이며, 분(minutes), 시(hours), 날(days) 단위로 지정할 수 있다.

```
$ sleep 10      ← 10초 동안 정지
$ sleep 10s     ← 10초 동안 정지
$ sleep 10m     ← 10분 동안 정지
^C              ← 강제 종료
$ sleep 10h     ← 10시간 동안 정지
^C              ← 강제 종료
$
```

⑥ shutdown : 시스템을 종료하기 위한 명령이다. 예를 들어, 다음같이 10분 후에 시스템이 종료되도록 설정한 후, -c 옵션과 함께 대기 중인 shutdown 명령을 취소할 수 있다. 그리고 즉시 종료한다.

```
$ shutdown +10     ← 10분 후 종료
Shutdown scheduled for Thu 2023-06-22 18:55:57 KST, ........
$ shutdown -c      ← 종료 명령 취소
$ shutdown now     ← 즉시 종료
```

[3] 기타 유용한 명령

① clear : 현재 터미널 화면을 깨끗이 지운다.

② echo : 키보드로부터 입력받아 터미널 화면에 보여준다.

```
$ echo Hello?      ← 키보드 입력
Hello?             ← 화면 출력
$
```

③ ls : 현재 디렉터리에 존재하는지 파일 목록을 터미널 화면에 보여준다. 예를 들어, 다음과 같이 현재 디렉터리의 파일 목록을 확인한 후, /etc/passwd 파일의 존재 여부를 확인한다.

```
$ ls              ← 현재 디렉터리 내용 보기
Desktop   Downloads  Pictures  snap      Videos
Documents  Music     Public    Templates
$ ls /etc/passwd    ← /etc/passwd 파일 존재 여부 확인
/etc/passwd
$
```

④ cat : 파일의 내용을 확인할 수 있다. 예를 들어, 다음과 같이 /etc/passwd 파일의 내용을 확인한다.

```
$ cat /etc/passwd    ← /etc/passwd 파일 내용 보기
root:x:0:0:root:/root:/bin/bash
daemon:x:1:1:daemon:/usr/sbin:/usr/sbin/nologin
bin:x:2:2:bin:/bin:/usr/sbin/nologin
sys:x:3:3:sys:/dev:/usr/sbin/nologin

---< 중간 생략 >---
gdm:x:127:133:Gnome Display Manager:/var/lib/gdm3:/bin/false
user1:x:1000:1000:user1,,,:/home/user1:/bin/bash
$
```

⑤ grep : 파일 내용 중에서 특정 문자열을 검색하여 줄 전체를 출력한다. 예를 들어, 다음과 같이 /etc/passwd 파일에서 "user1" 문자열이 포함된 줄을 검색하여 그 내용을 확인한다.

```
$ grep user1 /etc/passwd     ← /etc/passwd 파일에서 "user1" 검색
user1:x:1000:1000:SeongRim,,,:/home/user1:/bin/bash
$
```

⑥ type : 명령의 유형을 보여준다. 예를 들어, 다음과 같이 외부 명령(logname) 일 경우, 명령에 해당하는 실행 파일의 경로명을 보여준다.

```
$ type exit   ← exit 명령의 유형 확인
exit is a shell builtin   ← 내부 명령
$ type logname   ← logname 명령의 유형 확인
logname is /usr/bin/logname   ← 외부 명령(실행 파일)
$
```

⑦ whereis : 파일명에 해당하는 모든 파일의 경로명을 보여준다. 예를 들어, 다음과 같이 logname 파일명이 포함된 모든 파일의 경로명을 확인한다.

```
$ whereis logname   ← logname 파일명 검색
logname: /usr/bin/logname /usr/share/man/man1/logname.1.gz
$
```

⑧ which : 파일명에 해당하는 실행 파일의 경로명을 보여준다. 예를 들어, 다음과 같이 logname 파일명에 해당하는 실행 파일의 경로명을 확인한다.

```
$ which logname   ← logname(실행 파일) 위치 검색
/usr/bin/logname   ← 실행 파일 경로명
$
```

지금까지 리눅스 명령의 구조와 유형을 이해하기 위하여 간단한 형태의 기본적인 리눅스 명령을 소개하였다. 이러한 기본 명령들은 앞으로 자주 사용될 것이며 자세하게 설명할 것이다.

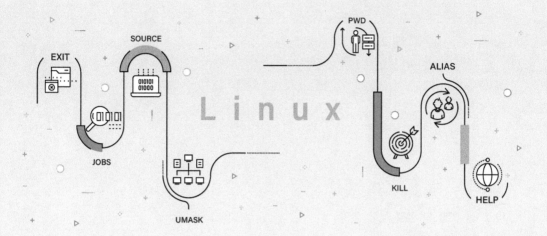

3

셸

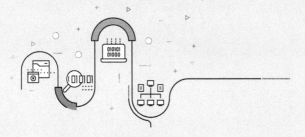

1장에서 셸(shell)은 사용자와 리눅스 커널 사이의 인터페이스 역할을 담당하는 리눅스의 구성요소로서 사용자로부터 입력된 명령을 해석하여 처리해 주는 "명령 해석기(command interpreter)"라고 소개하였다. 만약 입력된 명령이 외부 명령일 경우, 셸은 커널의 도움을 받아 해당 프로그램을 실행시킨다. 또한 셸은 스크립트(script) 형태의 프로그래밍 기능도 지원한다.

이러한 기능을 제공하는 셸은 사용자 편의성 관점에서 매우 중요한 구성요소이다. 다양한 형태의 사용자 편의성을 제공하기 위해 여러 종류의 셸이 개발되어 사용되고 있다. 이 장에서는 셸의 기능과 종류, 그리고 셸이 실행되면서 참조하는 환경 설정과 자주 사용되는 편리한 셸 기능을 소개한다. 셸 기능 중에서 스크립트 형태의 셸 프로그래밍에 대해서는 8장에서 자세히 소개하도록 한다.

3.1 셸 기능과 종류

유닉스에서부터 사용되어온 셸은 지금도 새로운 셸이 개발되고 있으며 여러 종류의 셸이 사용되고 있다. 모든 셸이 제공하는 기본적인 기능은 비슷하지만, 각각의 셸마다 사용법과 환경 설정 등에 약간의 차이가 있다. 여기에서는 현재 사용되고 있는 대표적인 셸 종류를 소개하고, 대부분의 셸에서 지원하는 기본적인 기능에 대하여 알아본다.

3.1.1 셸 기능

셸에서 제공하는 기능은 크게 다음과 같은 세 가지로 구분할 수 있다.

- 명령 해석기
- 환경 설정
- 프로그래밍

[1] 명령 해석기

셸이 제공하는 가장 기본적인 기능은 명령 해석기라고 할 수 있다. 셸은 리눅스 시스템에 로그인한 사용자가 키보드를 통해 입력한 명령을 해석하여 처리한다. 사용자가 입력한 명령이 내부 명령일 경우에는 셸 자체에서 내부적으로 처리된다. 하지만 외부 명령일 경우에는 커널의 도움을 받아 사용자가 입력한 명령에 해당하는 실행 파일을 찾고 해당 파일을 실행시킨다. 이처럼 셸은 사용자와 커널 사이의 인터페이스 역할을 담당한다. 한편 사용자가 개발한 응용 프로그램의 실행도 셸의 인터페이스에 의해 이루어진다. 이러한 일련의 작업을 처리하면서 사용자에게 편의성을 제공하기 때문에 셸을 명령 해석기라고 일컫는다.

[2] 환경 설정

셸은 실행하는 동안 환경 설정값을 참조하기 위하여 변수를 사용한다. 이 변수에는 셸 변수와 환경변수가 있다. 셸 변수는 현재 셸에서만 적용되는 지역 변수 개념이고, 환경변수는 변경된 셸에서도 적용되는 전역 변수 개념이다. 환경 설정값은 사용자가 로그인할 때 초깃값이 지정된 파일을 참조하여 설정되지만, 셸에서 이 변수를 이용하여 설정값을 변경할 수 있다.

[3] 프로그래밍

셸은 스크립트 형태의 프로그래밍 기능을 제공한다. 이 기능을 이용하여 일련의 명령을 하나의 프로그램으로 작성하여 실행함으로써 반복적이고 복잡한 작업을 매우 편리하게 수행할 수 있다, 셸 스크립트는 C 언어와 매우 유사하며 변수, 반복, 제어문 등을 사용할 수 있다. 리눅스의 많은 부분이 셸 스크립트로 작성되어 있으며 스크립트 형태의 프로그램은 컴파일하지 않고 셸에서 직접 실행되기 때문에 매우 유용한 기능이다. 셸 프로그래밍에 대해서는 8장에서 자세히 소개하도록 한다.

3.1.2 셸 종류

초기 유닉스와 함께 최초로 사용되었던 본(Bourne) 셸에서부터 오늘날 리눅스의 기본 셸로 사용되고 있는 배시(bash) 셸에 이르기까지 다양한 종류의 셸이 사용되고 있다. 오늘날 사용되고 있는 대표적인 셸에 대한 특징과 기본 프롬프트 표시를 살펴보자.

[1] 본 셸(Bourne shell)

본 셸은 개발자의 이름(Stephen Bourne)을 딴 것이다. 본 셸은 단순하고 처리 속도가 빨라 초기에 많이 사용되었으며, 지금도 본 셸을 기반으로 한 많은 셸 스크립트들이 사용되고 있다. 본 셸의 파일명은 sh이며, 기본 프롬프트 표시는 '$'이다.

[2] C 셸(C shell)

C 셸은 본 셸의 기능을 확장한 것으로, 본 셸에는 없던 에일리어스(alias), 히스토리 (history) 등 사용자 편의성을 위한 많은 기능이 포함되어 있다. 반면, 다양한 기능으로 인해 크기가 커지고 속도가 느린 단점이 있다. C 언어와 같은 구문 형식으로 셸 스크립트를 작성할 수 있어 "C 셸"이라고 일컫는다. C 셸의 파일명은 csh이며, 기본 프롬프트 표시는 '%'이다.

[3] 콘 셸(Korn shell)

콘 셸은 개발자의 이름(David Korn)을 딴 것이다. 본 셸과의 호환성을 유지하면서, C 셸에서 제공하는 에일리어스(alias), 히스토리(history) 등 사용자 편의성을 위한 기능도 제공한다. 콘 셸의 파일명은 ksh이며 기본 프롬프트 표시는 '$'이다.

(4) 배시 셸(bash shell)

배시 셸은 본 셸을 기반으로 개발된 셸로서 본 셸과 호환성을 유지하고 있다. 또한 C 셸과 콘 셸의 사용자 편의성을 위한 다양한 기능도 포함하고 있다. 배시 셸은 GPL(General Public License)를 따르는 공개 소프트웨어로서 리눅스의 기본 셸로 제공되며, 우분투에서도 배시 셸을 기본 셸로 사용하고 있다. 배시 셸의 파일명은 bash이며 기본 프롬프트 표시는 '$'이다.

(5) 대시 셸(dash shell)

대시 셸은 본 셸을 기반으로 POSIX 표준을 준수하면서 기존의 셸보다 작은 크기로 개발되었다. 부팅 시 셸 스크립트를 빠르게 실행시키고 크기가 작으며 신뢰성이 높아 우분투 6.10 버전부터는 본 셸 대신 대시 셸을 사용하고 있다. 대시 셸의 파일명은 dash이며 기본 프롬프트 표시는 '$'이다.

현재 시스템에서 사용할 수 있는 셸의 종류는 /etc/shells 파일에 지정되어 있다. 예를 들어, 현재 시스템의 /etc/shells 파일의 내용을 cat 명령으로 확인해 보면 [그림 3-1] 과 같다. 현재 시스템에서 본 셸(sh), 배시 셸(bash), 대시 셸(dash), 그리고 알배시 (rbash) 셸 사용이 가능함을 알 수 있다.

```
$ cat /etc/shells   ← /etc/shells 파일 내용 보기
/bin/sh
/bin/bash
/usr/bin/bash
/bin/rbash
/usr/bin/rbash
/bin/dash
/usr/bin/dash
$
```

[그림 3-1] 사용 가능 셸

/etc/shells에 지정된 각 파일의 상세 정보를 cat 명령으로 확인해 보면 [그림 3-2]와 같다. 여기에서 /bin/sh는 dash의 심볼릭 링크 파일로, rbash는 /bin/bash의 심볼릭 링크 파일로 설정되어 있다. 본 셸(sh)은 대시 셸(dash)을, 알배시 셸(rbash)은 배시 셸(bash)을 사용하고 있음을 의미한다. 참고로 심볼릭 링크 파일에 대해서는 4.2.3절에서 자세히 소개한다.

```
$ ls -l /bin/sh   ← /bin/sh 파일 상세 정보 보기
lrwxrwxrwx 1 root root 4 Dec 19 23:42 /bin/sh -> dash
$ ls -l /bin/bash
-rwxr-xr-x 1 root root 1183448 Jun 18  2020 /bin/bash
$ ls -l /bin/rbash
lrwxrwxrwx 1 root root 4 Dec 19 23:42 /bin/rbash -> bash
$ ls -l /bin/dash
-rwxr-xr-x 1 root root 129816 Jul 18  2019 /bin/dash
$
```

[그림 3-2] 셸 파일의 심볼릭 링크

3.2 셸 변경 및 환경 설정

리눅스에서 기본 셸로 제공하는 배시 셸을 중심으로 셸 변경 및 환경 설정에 대하여 알아본다.

3.2.1 셸 변경

정상적으로 로그인한 후, 터미널 창을 열면 기본적으로 배시 셸을 사용하게 된다. 하지만, 사용자가 원하는 다른 셸로 변경할 수 있다. 우선, 로그인 셸과 서브 셸의 차이점을 이해하고, 서브 셸을 생성하고 로그인 셸을 변경하는 방법에 대하여 알아보자.

[1] 로그인 셸

로그인 셸은 사용자가 로그인하여 GUI 화면에서 [터미널]을 실행했을 때 생성되는 셸이다. 로그인 셸에 대한 정보는 /etc/passwd 파일에 저장되어 있으며 사용자가 로그인할 때 /etc/passwd 파일을 참조한다. 따라서 로그인 셸은 사용자가 로그인할 때 /etc/passwd 파일에 저장된 셸로 설정된다.

예를 들어, [그림 3-3]과 같이 grep 명령을 이용하여 /etc/passwd 파일에서 "user1" 문자열이 포함된 행을 검색해 볼 수 있다.

```
$ grep user1 /etc/passwd   ← /etc/passwd 파일에서 user1 검색
user1:x:1000:1000:SeongRim,,,:/home/user1:/bin/bash
$
```

[그림 3-3] user1의 /etc/passwd 정보

맨 앞에 있는 정보(user1)가 사용자 ID이고, 가장 마지막에 있는 정보(/bin/bash)가 로그인 셸을 의미한다. 따라서 사용자(user1)의 로그인 셸은 기본적으로 배시 셸 (bash)로 설정되는 것이다.

[2] 서브 셸

로그인 셸에서 다른 셸을 생성할 수 있으며, 이것이 서브 셸이 된다. 물론 서브 셸에서 또 다른 서브 셸을 생성할 수도 있다. 또한 exit 명령 혹은 <Ctrl+d> 키를 입력하여 서브 셸을 종료하면 이전 셸로 복귀한다. 물론, 로그인 셸에서 종료하면 터미널 창 [닫기]가 될 것이다.

예를 들어, [그림 3-4]와 같이 로그인(bash) 셸에서 sh 명령으로 서브-1 셸(sh)을 생성하고, 또다시 dash 명령으로 서브-2 셸(dash)을 생성할 수 있다. 한편, 서브-2 셸 (dash)에서 exit 명령으로 종료하면, 이전 서브-1 셸(sh)로 복귀하고, 또다시 서브-1

셸(sh)에서 exit 명령으로 종료하면, 로그인 셸(bash)로 복귀됨을 알 수 있다.

```
$            ← 로그인 셸
$ sh         ← 서브-1 셸 생성
$ dash       ← 서브-2 셸 생성
$ exit       ← 서브-2 셸 종료
$ exit       ← 서브-1 셸 종료
$            ← 로그인 셸
```

[그림 3-4] 서브 셸 생성 및 종료

[3] 로그인 셸 변경 : chsh

로그인 셸의 정보는 /etc/passwd 파일에 저장되어 있다. 따라서 로그인 셸을 변경하려면 이 파일의 정보를 변경하여야 한다. chsh 명령을 사용하여 로그인 셸을 변경할수 있다.

형식	chsh [옵션] [사용자 ID]
기능	로그인 셸을 변경한다.
옵션	-s : 셸 이름(절대 경로명)과 사용자 ID를 지정한다.

예를 들어, 다음과 같이 chsh 명령으로 로그인 셸 변경을 시도한 후 grep 명령으로 확인해 보자.

```
$ chsh      ← 현재 사용자(user1)의 로그인 셸 변경 시도
Password:
Changing the login shell for user1
Enter the new value, or press ENTER for the default
     Login Shell [/bin/bash]: /bin/sh     ← 본 셸 경로명 입력
$ grep user1 /etc/passwd     ← user1의 로그인 셸 변경 확인
user1:x:1000:1000:SeongRim,,,:/home/user1: /bin/sh
$
```

```
$ chsh -s /bin/bash user1    ← user1의 로그인 셸을 배시 셸로 변경 시도
Password:
$ grep user1 /etc/passwd    ← user1의 로그인 셸 변경 확인
user1:x:1000:1000:SeongRim,,,:/home/user1:/bin/bash
$
```

[그림 3-5] 로그인 셸 변경

[그림 3-5]에서 암호를 입력하면 현재 로그인 셸(/bin/bash) 정보를 보여주고, 변경하고자 하는 새로운 셸의 파일명 입력을 기다린다. 이때 주의할 점은 반드시 파일명을 절대 경로명으로 입력하여야 한다. 여기에서는 본 셸(/bin/sh)를 입력한다. grep 명령을 이용하여 /etc/passwd 정보가 변경됨을 확인해 본다.

이어서 옵션을 사용한 chsh -s 명령으로 로그인 셸을 배시 셸(/bin/bash)로 변경하고, /etc/passwd 정보를 확인한다. /etc/passwd 파일의 변경된 정보는 로그인할 때 참조되기 때문에 변경된 로그인 셸을 적용하려면 다시 로그인하여야 한다.

3.2.2 환경 설정

셸은 실행 환경을 설정하기 위한 변수를 제공한다. 변수에는 셸 변수와 환경변수로 구분된다. 셸 변수에 설정된 값은 현재 셸에서만 적용되는 지역 변수 개념이고, 환경 변수에 설정된 값은 모든 셸에서도 적용되는 전역 변수 개념이다.

[1] 변수 확인

env 명령과 set 명령을 사용하여 모든 환경변수와 셸 변수를 확인할 수 있다. env 명령은 현재 셸에서 사용하고 있는 환경변수로 제한적이다. 반면, set 명령은 현재 셸에서 사용하고 환경변수는 물론 지역 변수 개념의 셸 변수를 포함하여 정의된 함수까지 보여준다.

① 환경변수 : env

env 명령은 [그림 3-6]과 같이 현재 셸에서 제공하는 모든 환경변수의 설정값을
보여준다.

```
$ env
HOME=/home/user1
SHELL=/bin/bash
PWD=/home/user1
---<중간 생략>---
PATH=/usr/local/sbin:/usr/local/bin:/usr/sbin:/usr/bin:/sbin:/bin
$
```

[그림 3-6] 환경변수 확인

② 셸 변수 및 환경변수 : set

set 명령은 [그림 3-7]과 같이 현재 셸에서 제공하는 모든 환경변수는 물론, 셸 변
수를 포함하여 정의된 함수까지 보여준다. 따라서 env 명령보다 출력되는 내용이
훨씬 많다.

```
$ set
BASH=/usr/bin/bash
BASHOPTS=checkwinsize:cmdhist:complete_fullquote
BASH_ALIASES=()
BASH_ARGC=([0]="0")
---<중간 생략>---
quote_readline ()
{
  local quoted;
  _quote_readline_by_ref "$1" ret;
  printf %s "$ret"
}
$
```

[그림 3-7] 셸 및 환경변수 확인

셸이 실행될 때 기본적으로 제공하는 환경변수가 있다. 환경변수 중에서 자주 사용되는 주요 환경변수에는 [표 3-1]과 같은 것들이 있다.

[표 3-1] 주요 환경변수

변수명	의미
HOME	홈 디렉터리 경로명
PWD	현재 작업 디렉터리
PATH	명령을 탐색할 경로명
SHELL	로그인 셸의 경로명
USER	현재 사용자의 로그인 ID
UID	현재 사용자의 UID
PPID	셸의 부모 PID
BASH	bash 절대 경로명
PS1	1차 프롬프트
PS2	2차 프롬프트

③ 특정 변수 확인 : echo

echo 명령을 이용하여 현재 설정된 특정 변수의 값을 확인할 수 있다. 예를 들어, [그림 3-8]과 같이 확인하려는 변수명(HOME, PATH, SHELL) 앞에 반드시 '$'를 붙여야 한다.

```
$ echo $HOME    ← 셸 변수(HOME) 설정값 확인
/home/user1
$ echo $PATH    ← 셸 변수(PATH) 설정값 확인
/usr/local/sbin:/usr/local/bin:/usr/sbin:/usr/bin:/sbin:/bin
$ echo $SHELL    ← 셸 변수(SHELL)설정값 확인
/bin/bash
$
```

[그림 3-8] 특정 셸 변수 설정값 확인

(2) 변수 설정 및 해제

① 셸 변수 설정

기본적으로 셸 변수에는 문자열 타입으로 저장되며 변수를 사용하기 전에 반드시 미리 선언해야 할 필요가 없다. 일반적으로 셸 변수는 대문자를 사용하여 다음과 같은 형식으로 선언한다.

```
$ 변수명=문자열
```

예를 들어, [그림 3-9]와 같이 MYNAME 셸 변수를 선언하면서 user1으로 설정한다. 또한 서브 셸로 변경하여 셸 변수를 확인해 본다. 변경된 셸에서는 셸 변수가 존재하지 않음을 알 수 있다.

```
$ MYNAME=user1        ← 셸 변수(MYNAME)의 값 설정 시도
$ echo $MYNAME        ← 셸 변수(MYNSAME) 설정값 확인
user1
$ set | grep MYNAME   ← set 출력에서 셸 변수(MYNSAME) 검색
MYNAME=user1
$ env | grep MYNAME   ← set 출력에서 셸 변수(MYNSAME) 검색
$ sh                  ← 서브 셸(bin/sh)로 변경
$ echo $MYNAME        ← 서브 셸에서 셸 변수(MYNAME) 확인
$
```

[그림 3-9] 셸 변수 설정

[그림 3-9]에서 echo 명령을 이용하여 셸 변수($MYNAME)가 user1으로 설정되어 있음을 확인한다. 그리고, 'env | grep MYNAME' 명령과 'set | grep MYNAME' 명령을 실행해 본다. 그 결과를 보면, 셸 변수($MYNAME)가 set 명령에는 있지만, env 명령에는 없다. 또한 sh 명령으로 서브 셸(/bin/sh)로 변경하고, 셸 변수($MYNAME)를 확인해 본 결과, 존재하지 않음을 알 수 있다. 이것은 셸 변수($MYNAME)가 아직 환경변수로 설정되지 않았음을 의미한다.

한편, 현재 사용 중인 프롬프트 모양과 형태는 셀 변수 PS1에 설정되어 있다. 따라서 셀 변수 PS1에 새로운 문자열을 설정함으로써 프롬프트의 모양과 형태를 변경할 수 있다. 예를 들어, [그림 3-10]과 같이 프롬프트의 모양과 형태를 변경하여 보자. 우선, 변경을 시도한 후, 원래대로 복구하기 위하여 현재 PS1의 설정값을 임시 변수 (TEMP)에 저장해 둔다. 프롬프트의 모양이 변경됨을 확인한 후, 원래 모양으로 복구한다.

```
$ TEMP=$PS1           ← 셀 변수(PS1) 설정값 임시저장
$ PS1='MY_PROMPT: '   ← 셀 변수(PS1) 설정값 변경
MY_PROMPT: PS1=$TEMP  ← 셀 변수(PS1) 설정값 복구
$
```

[그림 3-10] 프롬프트(PS1) 변경

② 환경변수 설정 : export

export 명령을 사용하여 셀 변수를 환경변수로 변경할 수 있다. export 명령을 사용하여 셀 변수를 환경변수로 변경할 수 있으며, -n [옵션]과 함께 다시 셀 변수로 변경할 수도 있다.

형식	export [옵션] [셀 변수]
기능	지정한 셀 변수를 환경변수로 변경한다.
옵션	-n : 환경변수를 셀 변수로 변경한다.

예를 들어, [그림 3-11]과 같이 export 명령을 사용하여 셀 변수($MYNAME)를 환경변수로 설정한 후, 'env | grep MYNAME' 명령으로 확인해 본다, 또한 sh 명령으로 서브 셀(/bin/sh)로 변경하고, 셀 변수($MYNAME)를 확인해 본다. 셀 변수 ($MYNAME)가 이제 환경변수로 변경되었음을 의미한다. 한편, -n [옵션]을 이용하여 환경변수($MYNAME)를 셀 변수로 변경할 수 있음을 알 수 있다.

```
$ env | grep MYNAME     ← 환경변수(MYNAME) 검색
$ export MYNAME         ← 환경변수로 변경
$ env | grep MYNAME     ← 환경변수(MYNAME) 검색
MYNAME=user1
$ sh                    ← 서브 셸로 변경
$ echo $MYNAME          ← 환경변수(MYNAME) 확인
user1
$ export -n MYNAME       ← 환경변수(MYNANE)를 셸 변수로 변경
$ env | grep MYNAME      ← 환경변수(MYNAME) 검색
$
```

[그림 3-11] 환경변수 설정

③ 변수 해제 : unset

export 명령을 사용하여 셸 변수를 환경변수를 해제할 수 있다. 예를 들어, [그림 3-12]와 같이 환경변수($MYNAME)를 해제하고, echo 명령으로 확인해 본다.

```
$ echo $MYNAME          ← 환경변수(MYNAME) 확인
user1
$ unset MYNAME          ← 환경변수(MYNAME) 해제
$ echo $MYNAME          ← 환경변수(MYNAME) 확인

$
```

[그림 3-12] 환경변수 해제

3.2.3 환경 설정 파일

지금까지 방법으로 설정한 환경변수는 로그아웃하면 모두 해제되어 버린다. 로그인 할 때마다 사용자가 원하는 환경변수를 설정할 수 있도록 명령을 저장해 놓은 파일 을 환경 설정 파일이라고 일컫는다.

환경 설정 파일에는 시스템 환경 설정 파일과 사용자 환경 설정 파일이 있으며 사용자가 로그인할 때 시스템 환경 설정 파일이 먼저 실행되고, 이어서 사용자 환경 설정 파일이 실행된다. 환경 설정 파일은 셸 스크립트로 작성된 실행 파일이다. 셸 스크립트 파일에 대해서는 8장에서 자세히 알아볼 것이다.

[1] 시스템 환경 설정

시스템 환경 설정 파일은 모든 사용자가 로그인할 때 실행되는 파일로써 [표 3-2]와 같이 /etc 디렉터리에 존재한다. 일반 사용자는 시스템 환경 설정 파일을 수정할 수 없으며 시스템 관리자가 관리한다.

[표 3-2] 시스템 환경 설정 파일

파일명	의미
/etc/profile	• /etc/bash.bashrc를 실행한다. • /etc/profile.d/*.sh를 실행한다.
/etc/bash.bashrc	• 기본 프롬프트를 설정한다. • sudo hint를 설정한다.
/etc/profile.d/*.sh	• 언어 및 명령 관련 환경을 설정한다. • 설정 파일(*.sh)을 추가한다.

[2] 사용자 환경 설정

사용자는 사용자 환경 설정 파일을 수정하여 자신이 원하는 환경변수를 설정하도록 할 수 있다. 사용자 환경 설정 파일은 [표 3-3]과 같이 점(.)으로 시작하는 숨김 파일 형태로 사용자 홈 디렉터리에 존재한다. 이 파일은 셸 스크립트로서 로그인할 때 실행되므로 사용자가 자신이 원하는 환경변수를 설정할 수 있게 된다.

[표 3-3] 사용자 환경 설정 파일

파일명	의미
~/.profile	• PATH 변수 등을 설정한다. • .bashrc를 실행한다.
~/.bashrc	• HISTSIZE 변수 등을 설정한다. • 기본 alias를 설정한다.
~/.bash_aliases	• 사용자가 원하는 alias를 설정한다.
~/.bash_logout	• 로그아웃 시 실행될 함수 등을 설정한다.

예를 들어, vi 편집기를 사용하여 .bash_aliases 파일을 생성하고, 다음과 같은 에일리어스(alias) 설정을 추가하여 보자. vi 사용법은 7장에서 소개할 것이다.

```
$ vi .bash_aliases      ← .bash_aliases 파일 편집
```

```
alias dir='ls -l'
alias cls=clear
```

사용자 환경 설정 파일을 수정했을 때 이를 적용하려면 스크립트를 실행시켜야 한다. 이를 위해 로그아웃했다가 다시 로그인하여야 한다. 아니면, source 또는 점(.) 명령을 사용하여 수정한 환경 설정 파일을 실행해야 한다.

예를 들어, 엘리어스(alias)를 추가한 .bash_aliases 스크립트 파일을 다음과 같이 실행시킬 수 있다. 스크립트 실행에 대해서는 8장에서 소개할 것이다.

```
$ source .bash_aliases      ← .bash_aliases 스크립트 파일 실행
혹은
$ . .bash_aliases      ← .bash_aliases 스크립트 파일 실행
```

3.3 편리한 셸 기능

셸을 이용할 때 유용하게 사용할 수 있는 편리한 기능을 몇 가지 소개한다.

3.3.1 컨트롤 키

명령이 실행되고 있을 때 [표 3-4]와 같은 컨트롤 키<Ctrl>를 이용하여 셸 프로세스의 기본동작을 간단히 제어할 수 있다.

[표 3-4] 자주 사용되는 컨트롤 키

컨트롤 키	기능
〈Ctrl+c〉	명령 실행을 종료한다.
〈Ctrl+d〉	명령 입력을 종료한다.
〈Ctrl+s〉	화면 출력을 정지한다.
〈Ctrl+q〉	화면 출력을 재시작한다.
〈Ctrl+z〉	명령 실행을 일시 정지한다.

예를 들어, [그림 3-13]과 같이 <Ctrl+c>, <Ctrl+z> 키를 사용하여 100초 동안 기다리는 명령(sleep 100)의 실행을 강제로 종료하고, 일시 정지시킬 수 있다.

```
$ sleep 100      ← 100초 동안 일시 정지
^C                     ← 강제 종료
$ sleep 100      ← 100초 동안 일시 정지
^Z                     ← 명령(sleep 100) 일시 정지
[1]+ 멈춤         sleep 100
$
```

[그림 3-13] 컨트롤 키

3.3.2 탭 키

탭(Tab) 키를 이용하여 셸 명령을 편리하게 입력할 수 있다. 셸 명령 시작 부분의 문자열 일부를 입력한 후, 탭 키를 치면 입력된 문자열로 시작하는 명령의 전체 문자열을 자동으로 보여준다. 일치하는 부분이 같은 명령이 여러 개 존재할 때는 공통으로 일치하는 부분까지만 보여주고 계속 입력을 기다린다. 이때 탭 키를 한 번 더 치면, 사용할 수 있는 모든 문자열을 보여주고 선택할 수 있도록 한다. 입력된 일부 문자열에 따라 [표 3-5]와 같은 내용의 문자열이 자동으로 완성된다.

[표 3–5] 탭 키에 의한 자동 완성

입력된 문자열	자동으로 완성되는 문자열
$로 시작할 때	입력된 내용과 일치하는 셸 변수명
~로 시작할 때	입력된 내용과 일치하는 홈 디렉터리
@로 시작할 때	입력된 내용과 일치하는 호스트 이름
셸 명령의 일부분	입력된 내용과 일치하는 셸 명령
파일명의 일부분	입력된 내용과 일치하는 파일명

예를 들어, [그림 3-14]와 같이 $H를 입력하고 탭 키를 두 번 치면, $H로 시작하는 모든 셸 변수명을 보여준다. $HOM을 입력하고 탭 키를 한 번 치면, $HOM으로 시작하는 셸 변수 $HOME이 자동으로 완성된다.

```
$ echo $H      ←탭 2회
$HISTCMD     $HISTFILE     $HISTSIZE     $HOSTNAME
$HISTCONTROL  $HISTFILESIZE  $HOME        $HOSTTYPE
$ echo $HOM  ←탭 1회
```

[그림 3–14] 탭 키

3.3.3 에일리어스와 히스토리

(1) 에일리어스 : alias

alias 명령은 기존 명령에 별명(alias)을 붙이는 명령으로써 이 기능을 이용하여 자주 사용하는 복잡하고 긴 명령을 간단하고 짧은 별명으로 사용할 수 있다. 옵션 없이 alias 명령을 실행하면 [그림 3-15]와 같은 현재 설정된 별명 목록을 보여준다.

```
$ alias
alias alert='notify-send --urgency=low -i "$([ $? = 0 ] && echo terminal
---<중간 생략>---
alias egrep='egrep --color=auto'
alias fgrep='fgrep --color=auto'
alias egrep='egrep --color=auto'
alias l='ls -CF'
alias la='ls -A'
alias ll='ls -alF'
alias ls='ls --color=auto'
$
```

[그림 3-15] 엘리어스 목록

다음과 같은 형식으로 alias 명령을 사용하여 새로운 별명(alias)을 추가 설정할 수 있다.

```
$ alias 별명=기존 명령
```

예를 들어, [그림 3-16]과 같이 alias 명령을 사용하여 별명(log, dir)을 설정한 후, 실행 결과를 확인해 본다. 참고로 dir은 셀 명령 중의 하나이다. 따라서 셀 명령과 같은 이름의 별명을 설정할 수 있으며 별명이 셀 명령보다 먼저 실행됨을 알 수 있다.

```
$ alias log=logname        ← 별명(log) 설정
$ alias dir='ls -l'        ← 별명(dir) 설정
$ log                      ← 별명(log) 실행
user1
$ dir                      ← 별명(dir)실행
total 24
-rwxrwxr-x 1 user1 user1 16696 Dec 22 17:33 hello
-rw-rw-r-- 1 user1 user1    80 Dec 22 03:48 hello.c
$
```

[그림 3-16] 엘리어스 설정

다음과 같은 형식으로 unalias 명령을 사용하여 별명(alias)을 삭제할 수 있다.

```
$ unalias 기존 별명
```

예를 들어, [그림 3-17]과 같이 unalias 명령을 사용하여 별명(log, dir)을 삭제한 후, 실행 결과를 확인해 본다. [그림 3-17]에서 별명(log)은 삭제되어 오류이지만, 별명 (dir)을 삭제하였음에도 여전히 실행됨을 확인할 수 있다. 하지만 실행 결과가 다르다. 이것은 별명(dir)이 실행된 것이 아니고 외부 명령(dir)이 실행된 것이다.

```
$ unalias log       ← 별명(log) 삭제
$ unalias dir       ← 별명(dir) 삭제
$ log               ← 별명(log) 실행 시도
Command 'log' not found, but there are 15 similar ones.
$ dir               ← 외부명령(dir) 실행
hello  hello.c
$
```

[그림 3-17] 엘리어스 삭제

(2) 히스토리 : history

히스토리는 이전에 실행한 명령을 다시 불러서 사용하는 명령이다. 로그인 후에 실행한 명령의 기록(history)이 임시 버퍼에 저장되므로 다시 불러 사용할 수 있다. 또한, 이 기록은 셸 작업을 마치고 로그아웃할 때 환경 설정 파일(.bash_history)에 저장된다. 따라서 로그인할 때 초기화되어 이전 기록을 사용할 수 있다.

예를 들어, [그림 3-18]과 같이 history 명령을 실행하면, 로그인 후 실행시킨 명령의 history 목록을 번호와 함께 보여준다.

```
$ history        ← 히스토리 목록 확인
 ---<중간 생략>---
 437  cat err
 438  clear
 439  history
 438  log
 439  dir
 $
```

[그림 3-18] 히스토리 목록

[표 3-3]과 같은 느낌표(!)와 방향키(▲,▼)를 사용하여 히스토리 기능을 편리하게 이용할 수 있다.

[표 3-6] history 기능 이용

명령	기능
!!	마지막 명령
!번호	해당 번호의 history 명령
!문자열	해당 문자열의 마지막 명령
▲	이전 명령
▼	다음 명령

3.3.4 특수 문자

특수 문자는 특별한 의미가 부여된 문자로서 메타 문자라고도 일컫는다. 특수 문자가 포함된 명령이 입력된 경우, 셸은 특수 문자를 먼저 해석하여 적절한 처리를 수행한 후 명령을 실행한다. 리눅스의 기본 셸인 bash 셸에서 자주 사용되고 있는 [표 3-7]과 같은 주요 특수 문자들의 특별한 의미와 사용법에 대하여 알아본다.

[표 3-7] 주요 특수 문자

특수 문자	의미
* (별표)	임의의 문자 혹은 문자열
? (물음표)	1개의 임의의 문자
. (점)	현재 디렉터리
.. (쌍점)	상위 디렉터리
~ (물결표)	홈 디렉터리
− (하이픈)	이전 디렉터리
' ' (작은따옴표)	' ' 안에 묶인 모든 특수 문자를 일반 문자로 취급
" " (큰따옴표)	" " 안에 묶인 일부 특수 문자를 일반 문자로 취급
\ (백슬래시)	\ 다음 1개의 특수 문자를 일반 문자로 취급
; (세미콜론)	한 행에 여러 개 명령을 입력된 순서대로 처리
| (파이프)	좌측 명령의 출력을 우측 명령의 입력으로
` ` (백쿼테이션)	` ` 안에 묶인 문자열을 명령으로 해석
&(엠퍼샌드)	입력된 명령을 백그라운드 작업으로 실행
〉, 〈, 〉〉 (리다이렉션)	표준 입출력을 변경

[1] 특수 문자 : *, ?

특수 문자 *(별표)는 임의의 문자 혹은 문자열을 의미한다. 셸은 *을 0개 이상의 문자로 대체한다. 반면, ?(물음표)는 1개의 임의의 문자를 의미한다. 셸은 ?을 포함한 명령을 만나면 임의의 1개의 문자로 대체한다. 이 특수 문자들은 주로 파일명을 지정할 때 자주 사용된다.

명령 예	의 미
ls *	현재 디렉터리의 모든 파일
ls *.c	.c로 끝나는 모든 파일
ls one.?	파일명이 one이면서 확장자 1개의 문자로 끝나는 모든 파일

```
$ ls
Makefile arg arg.c main one one.c one.o two.c two.o
$ ls *.c
arg.c one.c two.c
$ ls one.?
one.c one.o
$
```

[2] 특수 문자 : . , .. , ~, -

특수 문자 점(.)은 현재 디렉터리, 쌍점(..)은 상위 디렉터리, 물결표(~)는 홈 디렉터리, 하이픈(-)은 이전 디렉터리를 각각 의미한다. 이 특수 문자들은 주로 디렉터리 파일명을 지정할 때 사용된다.

명령 예	의 미
ls .	현재 디렉터리의 모든 파일
ls ..	상위 디렉터리의 모든 파일
cd ~	홈 디렉터리로 이동
cd -	이전 작업 디렉터리로 이동

(3) 특수 문자 : ' ' , " " , \

작은따옴표(' ')와 큰따옴표(" ")는 따옴표로 묶인 문자열에 포함된 특수 문자를 일
반 문자로 취급한다. 작은따옴표는 모든 특수 문자를, 큰따옴표는 $, `, \를 제외한 모
든 특수 문자를 일반 문자로 취급한다. 한편, 백슬래시(\)는 다음에 있는 1개의 특수
문자를 일반 문자로 취급한다.

명령 예	의 미
echo $USER	환경변수(USER) 값 출력
echo '$USER'	일반 문자열($USER) 출력
echo "$USER"	환경변수(USER) 값 출력
echo \$USER	일반 문자열($USER) 출력

```
$ echo $USER        ← 환경변수(USER) 출력
user1
$ echo '$USER'      ← 문자열($USER) 출력
$USER
$ echo "$USER"      ← 환경변수(USER) 출력
user1
$ echo ₩$USER       ← 문자열($USER) 출력
$USER
$
```

(4) 특수 문자 : ; , |

특수 문자 ; (세미콜론)과 | (파이프)는 여러 개의 명령을 연결한다. 셸에서 ;을 만나
면 입력된 여러 개의 명령을 순서대로 처리한다. 반면, |를 만나면 좌측 명령의 실행
결과가 우측 명령의 입력으로 전달된다.

명령 예	의 미
clear ; date ; ls	3개의 명령(dlear, date, ls)을 입력된 순서대로 실행
ls -l	more	ls -l 명령 실행 결과가 more 명령의 입력으로 전달

(5) 특수 문자 : ` `

백쿼테이션(` `)은 묶인 문자열을 명령으로 해석한다. 셸에서 백쿼테이션을 만나면 묶인 문자열에 해당하는 명령의 실행 결과로 대체한다.

명령 예	의 미
echo date	일반 문자열(date) 출력
echo `date`	date 명령 실행 결과 출력

```
$ echo date        ← 문자열(date) 출력
date
$ echo `date`      ← 명령(date) 실행 결과 출력
2023. 06. 21. (수) 12:16:13 KST
$
```

(6) 특수 문자 : &

백그라운드 작업을 위한 특수 문자 엠퍼샌드(&)에 대한 설명은 5.2.3 절에서 소개하도록 한다.

명령 예	의 미
sleep 10	10초간 대기를 포그라운드 작업으로 실행
sleep 10&	10초간 대기를 백그라운드 작업으로 실행

(7) 특수 문자 : >, <, <<

특수 문자 리다이렉션(>, < , <<)을 이용한 표준 입출력 변경은 매우 중요한 개념이므로 3.3.5 절에서 자세히 소개하도록 한다.

3.3.5 표준 입출력 변경

셸에서 명령을 입력하는 장치를 표준 입력 장치, 처리 결과를 출력하는 장치를 표준 출력 장치라 하고, 처리 과정에서 발생하는 오류 메시지를 출력하는 장치를 표준 오류 장치라고 한다.

기본적으로 표준 입력 장치는 키보드로 설정되어 있고, 표준 출력 및 오류 장치는 모니터로 설정되어 있다. 참고로 표준 입력(stdin), 표준 출력(stdout), 그리고 표준 오류(stderr)의 파일 디스크립터(file descriptor) 번호는 0, 1, 2가 부여되어 있다. 따라서 셸은 기본적으로 표준 입력 장치(키보드)로부터 명령을 입력받아 표준 출력 장치(모니터)로 처리 결과를 출력한다. 그러나 표준 입출력 및 오류 장치를 파일로 변경할 수 있다. 표준 입출력 장치를 파일로 변경하기 위하여 [표 3-7]과 같은 특수 문자를 사용한다.

[표 3-7] 표준 입출력 변경 특수 문자

기호	의 미
0〈	표준 입력[0]: 파일로부터 입력
1〉	표준 출력[1]: 파일에 덮어쓰기
1〉〉	표준 출력[1]: 파일에 추가
2〉	표준 오류[2]: 파일에 덮어쓰기
2〉〉	표준 오류[2]: 파일에 추가
〉파일 2〉&1	표준 출력[1]과 오류[2]를 한 파일(&1)에 덮어쓰기
〉〉파일 2〉&1	표준 출력[1]과 오류[2]를 한 파일(&1)에 추가

[1] 표준 입력 변경: [<]

형식	명령 < 파일, 명령 0< 파일
기능	파일에서 입력한다. 0 : 파일 디스크립터 번호(표준 입력)

cat 명령을 이용하여 특수 문자 '<'의 사용법을 알아보자.

cat 명령은 기본적으로 표준 입출력 장치를 사용하는 명령이다. 그러나 특수 문자 '<'를 사용하여 표준 입력을 변경하여 키보드 대신에 파일에서 입력할 수 있다. 예를 들어 다음과 같은 방법으로 표준 입력(키보드) 대신 파일(in)로부터 데이터를 입력받아 표준 출력(모니터)으로 출력할 수 있다. 단, 파일(in)이 존재함을 가정한다.

```
$ cat in        ← 파일(in)에서 입력
It is '<' test !
$ cat < in      ← 파일(in)에서 입력
It is '<' test !
$ cat 0< in     ← 파일(in)에서 입력
It is '<' test !
$
```

[그림 3-19] 표준 입력 변경 특수 문자(<)

[그림 3-19]에서 보듯이 세 가지 모두 실행 결과가 같다. 표준 입력을 변경하기 위한 특수 문자(< , 0<)를 생략하여도 실행 결과는 같다. 이것은 cat 명령의 인자가 없으면 표준 입력(키보드)으로 입력받는다. 그러나 파일명이 인자로 주어지면, 표준 입력이 주어진 파일로 변경되고 있음을 알 수 있다. 또한, 특수 문자(< , 0<)에서 표준 입력 장치의 파일 디스크립터 번호를 나타내는 숫자 '0'은 생략할 수 있음을 알 수 있다.

[2] 표준 출력 변경: [>, >>]

형식	명령 〉 파일, 명령 1〉 파일 명령 〉〉 파일, 명령 1〉〉 파일
기능	입력된 내용을 파일에 출력한다. 〉 : 덮어쓰기 〉〉 : 추가하기 1 : 파일 디스크립터 번호(표준 출력)

cat 명령을 이용하여 특수 문자(〉, 〉〉)의 사용법을 알아보자. 예를 들어 다음과 같은 방법으로 표준 입력(키보드)으로부터 데이터를 입력받아 표준 출력(모니터) 대신 파일(out)로 출력할 수 있다.

```
$ cat > out          ← 파일(out) 생성
It is '>' test !     ← 데이터 입력 후, <Ctrl+d>로 파일 저장
$ cat  out           ← 파일 내용 확인
It is '>' test !
$ cat >> out         ← 파일 내용 추가
It is '>>' test !
$ cat  out           ← 파일 내용 확인
It is '>' test !
It is '>>' test !
$
```

[그림 3-20] 표준 출력 변경 특수 문자(〉,〉〉)

[그림 3-20]에서 지정한 파일(out)이 존재하지 않을 경우, 새롭게 생성된다. 표준 입력(키보드)으로 데이터를 입력한 후, <Ctrl+d> 키를 이용하여 파일에 저장한다. 특수 문자(〉)와 특수 문자(〉〉)의 차이점은 [덮어쓰기]와 [추가하기]임을 알 수 있다. 또한, 특수 문자(< , 0<)에서 표준 출력 장치의 파일 디스크립터 번호를 나타내는 숫자 '1'은 생략할 수 있음을 알 수 있다.

[3] 표준 오류 변경: [2> , 2>>]

형식	명령 2> 파일 명령 2>> 파일
기능	입력된 내용을 파일에 출력한다. 2> : 덮어쓰기 2>> : 추가하기 2 : 파일 디스크립터 번호(표준 오류)

ls 명령을 이용하여 특수 문자(2> , 2>>)의 사용법을 알아보자.

```
$ ls /abc    ← /abc 파일 존재 여부 확인
ls: cannot access '/abc': No such file or directory
$ ls /abc 2> err    ← 파일(err) 생성
$ cat err    ← 파일 내용 확인
ls: cannot access '/abc': No such file or directory
$ ls /abc 2>> err    ← 파일 내용 추가
$ cat err    ← 파일 내용 확인
ls: cannot access '/abc': No such file or directory
ls: cannot access '/abc': No such file or directory
$
```

[그림 3-21] 표준 오류 변경 특수 문자(2>, 2>>)

[그림 3-21]에서 보듯이 ls 명령이 실행되는 과정에서 오류가 발생할 경우, 표준 오류 장치로 설정된 모니터에 출력된다. 그러나 ls 명령에서 특수 문자(2>, 2>>)와 함께 파일명이 주어지면 표준 오류가 파일로 변경됨을 알 수 있다.

표준 출력 변경과 마찬가지로 지정한 파일(err)이 존재하지 않을 경우는 새롭게 생성된다. 특수 문자(2>)와 특수 문자(2>>)의 차이점은 [덮어쓰기]와 [추가하기]임을 알 수 있다. 여기서 표준 오류 장치의 파일 디스크립터 번호를 나타내는 숫자 '2'는 생략할 수 없음을 유의하자.

마지막으로, 표준 출력과 표준 오류 출력을 하나의 파일에 할 수 있다. [그림 3-22]에서 보듯이 ls 명령에서 특수 문자(>)와 특수 문자(2>&1) 사이에 파일명이 주어지면 표준 출력[1]과 표준 오류[2]가 같은 주어진 파일로 변경되어 각각의 내용이 저장됨을 알 수 있다.

```
$ ls ch3 /abc
ls: cannot access '/abc': No such file or directory    ← 표준 오류
ch3:      ← 표준 출력
err     ← 표준 출력
$ ls ch3 /abc > ls.out 2>&1      ← 파일(ls.out) 생성
$ cat ls.out                     ← 파일(ls.out) 내용 확인
ls: cannot access '/abc': No such file or directory
ch3:
err
$
```

[그림 3-22] 표준 출력 및 오류 변경 특수 문자(), 2)&1)

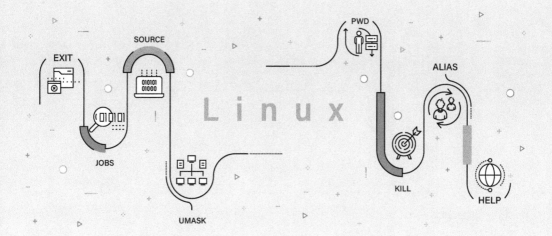

CHAPTER

4

파일

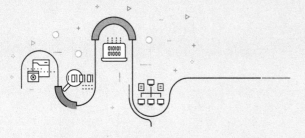

유닉스와 호환성을 가지고 있는 리눅스에서 가장 중요한 개념은 파일(file)과 프로세스(process)이다. 리눅스 커널은 모든 자원은 파일로 취급하며 파일은 프로세스에 의해 사용된다. 파일과 프로세스는 리눅스 커널에 의해 생성되고 관리된다. 이 장에서는 리눅스에서 제공하는 파일의 종류와 디렉터리 구조, 그리고 파일 관리와 관련된 기본 명령에 대하여 알아본다. 프로세스에 대해서는 5장에서 소개하도록 한다.

4.1 개요

일반적으로 파일에 데이터를 저장하는 것처럼 생각한다. 그러나 물리적으로 데이터는 디스크와 같은 저장장치에 저장된다. 리눅스에서 파일은 데이터가 저장된 일반 파일을 포함하여 시스템의 모든 자원을 의미한다. 리눅스에서는 여러 종류의 파일을 제공하며 모든 파일이 마치 트리(tree) 형태의 계층적 구조(hierarchical structure)로 저장된 것처럼 관리한다.

4.1.1 파일 종류

리눅스에서는 개념적으로 모든 자원을 파일로 취급하기 때문에 여러 가지 종류의 파일이 존재한다. 리눅스에서 제공하는 파일 종류에 대하여 알아보자.

[1] 일반 파일

일반 파일은 데이터가 저장된 파일이다. 일반 파일은 저장된 내용에 따라 텍스트(text) 파일 혹은 이진(binary) 파일로 구별한다. 텍스트 파일은 파일 내용이 ASCII 문자들로 이루어진 파일이다. 텍스트 파일은 보통 텍스트 편집기를 이용하여 생성하며 텍스트 편집기나 cat, more 등의 명령으로 그 내용을 볼 수 있다. 예를 들어, vi 편집기로 작성한 파일은 모두 텍스트 파일이다. 반면, 이진 파일은 파일의 내용이 이진수로 이루어진 파일로써 실행파일이다. 예를 들어, 텍스트 파일인 C 프로그램을 컴파일하여 얻은 실행파일이 대표적인 이진 파일이다. 이진 파일은 텍스트 편집기나 cat, more 등의 명령으로 그 내용을 볼 수 없다.

(2) 디렉터리 파일

디렉터리(directory)는 파일들을 계층적으로 조직화하는데 사용되는 일종의 특수 파일이다. 디렉터리의 내용은 그 디렉터리 내에 존재하는 일반 파일명 혹은 서브 디렉터리명으로 이루어진다.

(3) 장치 파일

장치(device) 파일은 컴퓨터 시스템의 입출력 장치를 나타내는 특수 파일이다. 장치 파일은 디스크와 같은 블록(block) 장치를 지원하는 파일과 키보드와 같은 문자 (character) 장치를 지원하는 파일로 구별한다. 대부분의 장치 파일은 /dev 디렉터리에 저장된다. 프로세스는 장치 파일을 통하여 입출력 장치를 사용한다.

(4) 심볼릭 링크 파일

심볼릭 링크(symbolic link) 파일은 원본 파일을 가리키는 특수 파일이다.

(5) FIFO 파일

FIFO(First-In First-Out) 파일은 프로세스 간 통신을 위한 특수 파일이다.

(6) 소켓 파일

소켓(socket) 파일은 네트워킹을 위한 특수 파일이다.

4.1.2 디렉터리 계층 구조

리눅스에서는 파일을 효율적으로 관리하기 위하여 디렉터리를 계층 구조로 제공한
다. 디렉터리 내부에 일반 파일 및 디렉터리를 허용함으로써 계층 구조를 이룬다. 디
렉터리 내부에 존재하는 디렉터리를 서브 디렉터리 혹은 하위 디렉터리, 서브 디렉
터리의 상위 디렉터리를 부모 디렉터리라고 일컫는다. 디렉터리 계층 구조에서 최상
위 디렉터리가 루트 디렉터리(/)이다. 따라서 루트 디렉터리를 제외하고 모든 디렉터
리는 부모 디렉터리가 있다. 예를 들어, 리눅스 시스템의 루트 디렉터리에는 [표 4-1]
과 같은 다양한 서브 디렉터리가 있다.

[표 4-1] 루트 디렉터리

디렉터리	용도
/bin	기본 명령 파일
/boot	부팅에 필요한 모든 파일
/dev	장치 파일
/etc	시스템 관리 및 환경설정 파일
/home	사용자 홈 디렉터리
/lib	공유 라이브러리
/media	이동식 저장장치 파일 시스템
/mnt	임시 마운트 지점
/opt	추가로 설치할 응용 소프트웨어
/proc	프로세스 및 시스템 상태정보
/root	시스템 관리자 홈 디렉터리
/sbin	시스템 관리에 필요한 프로그램
/sys	하드웨어 및 장치 드라이버
/tmp	임시 파일 저장
/usr/include	C 프로그램의 헤더 파일
/usr/src	리눅스 커널 소스 프로그램
/var	시간에 따라 변하는 데이터 파일

(1) 홈 디렉터리(/home)

리눅스는 다중 사용자 시스템이므로 사용자마다 자신의 홈 디렉터리(~)가 있다. 모든 사용자의 홈 디렉터리는 사용자 계정을 등록할 때 생성되는데 /home 디렉터리 아래에 사용자 ID 이름으로 만들어진다. 따라서 사용자마다 자신의 홈 디렉터리가 존재한다.

사용자가 로그인에 성공하면 자신의 홈 디렉터리에서 작업을 시작하게 되며, 다른 디렉터리로 이동하여 작업할 수도 있다. 현재 작업에서 사용되고 있는 디렉터리를 작업 디렉터리(working directory)라고 부른다. 따라서 사용자가 로그인에 성공하면 홈 디렉터리가 사용자의 작업 디렉터리가 된다.

(2) 경로명(path name)

경로명은 디렉터리 계층 구조에서 특정 파일이나 디렉터리의 위치를 나타내는 것으로써 절대 경로명과 상대 경로명이 있다. 절대 경로명은 항상 루트 디렉터리(/)를 기준으로 시작하며 다음과 같은 특징이 있다.

① 반드시 '/' 문자로 시작한다.
② 모든 서브 디렉터리명을 표시한다.
③ 특정 파일의 절대 경로명은 항상 일정하다.

상대 경로명은 현재 작업 디렉터리를 기준으로 시작한다. 특정 파일의 상대 경로명은 현재 작업 디렉터리 위치에 따라 달라진다. 현재 디렉터리는 점(.)으로 표시한다. 현재 작업 디렉터리를 기준으로 하여 한 단계 하위 디렉터리로 이동하려면 서브 디렉터리명을 표시하고, 한 단계 상위 디렉터리로 이동하려면 쌍점(..)으로 표시한다.

(3) 파일명과 디렉터리명

리눅스에서 파일명과 디렉터리명을 부여할 때 유의하여야 할 사항에는 다음과 같은 것들이 있다.

① 알파벳, 숫자, -, _, .(점)만 사용할 수 있다.
② .(점)으로 시작하면 숨김 파일로 취급한다.
③ 알파벳의 대소문자는 구별한다.
④ 공백 문자, /,*, |, ", ', @, #, $, %, ^, &를 사용하면 안 된다.

4.2 파일 관리

이 절에서는 디렉터리와 일반 파일 관리와 관련된 기본적인 명령에 대하여 알아본다.

4.2.1 디렉터리

[1] 작업 디렉터리 보기 : pwd(print working directory)

현재 작업 중인 디렉터리의 절대 경로명을 확인할 수 있는 명령이다. 일반적으로, pwd 명령은 옵션 없이 사용하며 $PWD 환경변수의 설정값을 보여준다.

형식	pwd [옵션]
기능	현재 작업 디렉터리를 보여준다. $PWD 환경변수의 설정값을 보여준다.
옵션	-L : 심볼릭 링크의 논리(Logical) 디렉터리를 보여준다. -P : 심볼릭 링크의 실제(Physical) 디렉터리를 보여준다.

```
$ pwd          ← 현재 작업 디렉터리
/home/user1
$ pwd -L       ← 논리(Logical) 디렉터리
/home/user1
$ pwd -P       ← 실제(Physical) 디렉터리
/home/user1
$ echo $PWD    ← 환경변수(PWD)의 설정값
/home/user1
$
```

[그림 4-1] pwd 명령

보통의 경우 [그림 4-1]과 같이 옵션과 상관없이 실행 결과가 같음을 알 수 있다. 그러나, 현재 작업 디렉터리가 심볼릭 링크 파일일 경우에는 옵션에 따라 차이가 있다. 예를 들어, 다음과 같이 **mkdir** 명령을 사용하여 디렉터리(/tmp/dir)를 만들고, **ln -s** 명령을 이용하여 심볼릭 링크 파일(/tmp/symdir)을 만든다. 심볼릭 링크 파일에 대해서는 4.2.3절에서 소개한다.

```
$ mkdir /tmp/dir              ← 디렉터리(/tmp/dir) 생성
$ ln -s /tmp/dir /tmp/symdir  ← 심볼릭 링크 파일(/tmp/symdir) 생성
$ ls -ld /tmp/symdir     <--- 심볼릭 링크 파일 확인
lrwxrwxrwx 1 user1 user1 8 Sep 27 17:27 /tmp/symdir->/tmp/dir
$ cd /tmp/symdir      ← 디렉터리(/tmp/symdir) 변경
$ pwd                 ← 현재 작업 디렉터리 확인
/tmp/symdir
$ pwd -L              ← 논리(Logical) 디렉터리 확인
/tmp/symdir
$ pwd -P              ← 실제(Physical) 디렉터리 확인
/tmp/dir
$ echo $PWD           ← 환경변수(PWD)의 값 확인
/tmp/symdir
$
```

[그림 4-2] pwd 옵션(-L,-P)

[그림 4-2]에서 cd 명령을 이용하여 현재 작업 디렉터리를 심볼릭 링크 파일로 변경한 후 pwd 명령을 실행했을 때, 옵션에 따라 결과가 다름을 알 수 있다. -L 옵션은 논리 디렉터리(/tmp/symdir)를 보여주지만, -P 옵션은 실제 디렉터리(/tmp/dir)를 보여줌을 알 수 있다.

(2) 작업 디렉터리 변경 : cd(change directory)

cd 명령은 현재 작업 디렉터리를 특정 디렉터리로 변경하기 위한 명령이다.

형식	cd [옵션] [디렉터리]
기능	현재 작업 디렉터리를 변경한다.
옵션	-L : 심볼릭 링크의 논리(Logical) 디렉터리로 변경한다. -P : 심볼릭 링크의 실제(Physical) 디렉터리로 변경한다.

cd 명령은 현재 작업 디렉터리를 특정 디렉터리로 변경할 때 주로 사용한다. [표 4-2]와 같은 특수 문자를 사용하여 상대 경로명 혹은 절대 경로명으로 작업 디렉터리를 지정할 수 있다. 만약, 옵션 없이 cd 명령을 실행시키면 작업 디렉터리가 홈 디렉터리로 변경된다.

[표 4-2] 주요 특수 문자

특수 문자	의미
. (점)	현재 디렉터리
.. (쌍점)	상위 디렉터리
/ (빗금)	루트 디렉터리
~ (물결표)	홈 디렉터리

다음과 같이 ln –s 명령을 이용하여 심볼릭 링크 파일(/tmp/symdir)을 생성한다.

```
$ mkdir /tmp/dir       ← 디렉터리(/tmp/dir) 생성
$ ln -s /tmp/dir /tmp/symdir ← 심볼릭 링크 파일(/tmp/symdir) 생성
$
```

[그림 4-3]과 같이 cd 명령으로 작업 디렉터리를 심볼릭 링크 디렉터리로 변경할 때, 옵션에 따라 결과가 다름을 알 수 있다.

```
$ cd /tmp/symdir       ← 디렉터리(/tmp/symdir) 변경
$ pwd            ← 현재 작업 디렉터리 확인
/tmp/symdir
$ cd           ← 홈(/home/user1) 디렉터리로 변경
$ pwd
/home/user1
$ cd -L /tmp/symdir      ← 논리(Logical) 디렉터리로 변경
$ pwd
/tmp/symdir
$ cd
$ pwd
/home/user1
$ cd -P /tmp/symdir      ← 실제(Physical) 디렉터리로 변경
$ pwd
/tmp/dir
$ cd
$ pwd
/home/user1
$ cd ..          ← 상위 디렉터리( .. )로 변경
$ pwd
/home
$ cd  /          ← 루트 디렉터리( / )로 변경
 pwd
/
$ cd ~          ← 홈 디렉터리(~)로 변경
$ pwd
/home/user1
```

[그림 4-3] cd 옵션(-L,-P)

(3) 디렉터리 내용 보기 : ls(list)

ls 명령은 디렉터리의 내용을 확인하기 위한 명령으로써 리눅스에서 가장 자주 사용되는 기본 명령이다. ls 명령은 인자로 주어진 디렉터리에 존재하는 파일 혹은 서브 디렉터리의 목록을 알파벳 순으로 보여준다. 기본적으로 현재 디렉터리에 어떤 파일이 있는지 확인할 때 사용되지만 옵션에 따라 다양한 정보를 확인할 수 있다. 그중에서 자주 사용되는 옵션들을 소개한다.

형식	ls [옵션] [디렉터리]
기능	디렉터리의 파일 및 서브 디렉터리 목록 보기
옵션	-a: 숨김 파일을 포함하여 모든(all) 파일을 보여준다. -l: 파일의 상세 정보를 자세하게(long) 보여준다. -i: 파일의 I-노드 번호를 보여준다. -d: 디렉터리 자체에 대한 정보를 보여준다. -F: 파일의 유형을 보여준다(*:실행파일, /:디렉터리, @:심볼릭 링크) -R: 하위 디렉터리에 존재하는 파일까지 보여준다.

① ls : 현재 디렉터리의 파일 목록 보기

[옵션]과 [디렉터리]를 지정하지 않고 ls 명령을 실행시키면, 현재 디렉터리에 존재하는 파일 및 서브 디렉터리의 목록을 보여준다. 점(.)으로 시작되는 숨김 파일은 보여주지 않는다.

```
$ ls    ← 현재 디렉터리의 파일 목록 보기
dir hello hello.c symdir
$
```

② ls -a : 숨김 파일 보기

-a 옵션과 함께 ls 명령을 실행시키면, 점(.)으로 시작되는 숨김 파일을 포함하여 디렉터리에 존재하는 모든 파일 및 서브 디렉터리의 목록을 보여준다.

예를 들어, 다음과 같이 -a 옵션을 사용하여 점(.)으로 시작되는 숨김 파일을 포함하여 현재 디렉터리에 존재하는 모든 파일 및 서브 디렉터리 목록을 확인할 수 있다. 현재 디렉터리(.)와 상위 디렉터리(..)는 디렉터리가 생성될 때 생성되기 때문에 모든 디렉터리에 기본으로 존재한다.

```
$ ls -a      ← 현재 디렉터리의 모든 파일 목록 보기
.  ..  dir  hello  hello.c  symdir
$
```

③ ls -l : 파일의 상세 정보 보기

-l 옵션과 함께 ls 명령을 실행시키면, 파일 속성에 대한 상세 정보와 함께 디렉터리에 존재하는 모든 파일 및 서브 디렉터리 목록을 보여준다.

```
$ ls -l      ← 현재 디렉터리의 모든 파일의 상세 정보 보기
total 28
drwxrwxr-x   2 user1 user1 4096 Jan  3 03:58   dir
-rw-rw-r-- 1 user1 user1    80 Dec 22 03:48  hello.c
lrwxrwxrwx   1 user1 user1     3 Jan  3 03:58  symdir -> dir
$
```

파일 속성에 대한 상세 정보를 나타내는 필드는 타입, 접근 모드, 링크 수, 소유자, 그룹, 크기, 그리고 수정된 날짜 및 시간으로 구성된다. 예를 들어, **dir** 파일의 상세 정보를 나타내는 각 필드에 대한 의미는 [표 4-3]과 같다.

[표 4-3] 파일의 상세 정보

필드	의미
d	디렉터리 파일
rwxrwxr-x	접근 모드
2	하드 링크 수
user1	소유자 이름
user1	그룹 이름
4096	파일 크기(바이트)
Jan 3 03:58	마지막 수정 날짜 및 시간

파일의 타입을 의미하는 첫 번째 필드에는 파일의 종류에 따라 [표 4-4]와 같은 문자로 표현된다. 예를 들어, 'symdir -> dir'은 symdir이 dir을 가리키는 심볼릭 링크 파일임을 의미한다.

[표 4-4] 파일의 타입 정보

문자	의미
-	일반 파일
d	디렉터리(directory) 파일
b	블록(block) 장치 파일
c	문자(character) 장치 파일
l	심볼릭 링크(symbolic link) 파일

④ ls -i : 파일의 I-노드 번호 보기

-i 옵션과 함께 ls 명령을 실행시키면, I-노드 번호와 함께 디렉터리에 존재하는 모든 파일 및 서브 디렉터리 목록을 보여준다. 모든 파일은 고유의 I-노드 번호를 가지고 있다. I-노드 번호는 파일이 생성될 때 커널에 의해 부여된다. 파일의 이름은 변경할 수 있지만, 파일의 I-노드 번호는 변경할 수 없다.

예를 들어, 다음과 같이 -i 옵션을 사용하여 현재 디렉터리에 존재하는 파일과 서브
디렉터리의 I-노드 번호를 확인할 수 있다.

```
$ ls -i      ← 현재 디렉터리의 파일의 I-노드 번호 보기
400327 dir   531198 hello   531199 hello.c   662401 symdir
$
```

⑤ ls -d : 디렉터리 자체 정보 보기

-d 옵션과 함께 ls 명령을 실행시키면, 디렉터리의 내용 즉, 디렉터리에 존재하는 파
일 혹은 서브 디렉터리 목록이 아니고, 디렉터리 자체에 대한 정보를 보여준다. 예를
들어, 다음과 같이 -ld 옵션을 사용하여 루트 디렉터리(/) 자체에 대한 상세 정보를
확인할 수 있다.

```
$ ls -ld /      ← 루트 디렉터리(/) 자체 정보 보기
drwxr-xr-x 20 root root 4096 Dec 19 23:44  /
$
```

⑥ ls -F : 파일 유형 보기

-F 옵션과 함께 ls 명령을 실행시키면, 파일의 유형과 함께 디렉터리에 존재하는 모
든 파일 및 서브 디렉터리 목록을 보여준다. 예를 들어, 다음과 같이 -F 옵션을 사용
하여 현재 디렉터리에 존재하는 파일 유형을 확인할 수 있다. 파일명 뒤에 파일 유형
을 나타내는 문자는 /디렉터리(/), 실행파일(*), 심볼릭 링크 파일(@)를 의미한다.

```
$ ls -F      ← 현재 디렉터리의 파일 유형 보기
dir/  hello*  hello.c  symdir@
$
```

⑦ ls -R : 하위 디렉터리 내용 보기

-R 옵션과 함께 ls 명령을 실행시키면, 하위 디렉터리에 존재하는 파일 및 디렉터리에 존재하는 모든 파일 및 서브 디렉터리 목록을 보여준다. 예를 들어, 다음과 같이 -R 옵션을 사용하여 현재 디렉터리(.)에 존재하는 파일과 하위 디렉터리(./dir)에 존재하는 파일을 확인할 수 있다.

```
$ ls -R
.:          ← 현재 디렉터리
dir  hello  hello.c  symdir
./dir:      ← 하위 디렉터리
$
```

(4) 디렉터리 생성 : mkdir(make directory)

mkdir 명령은 새로운 디렉터리를 생성하는 명령이다.

형식	mkdir [옵션] 디렉터리
기능	새로운 디렉터리를 생성.
옵션	-p : 하위 디렉터리와 함께 동시에 생성한다. -m : 접근 모드를 지정하여 생성한다.

다음과 같이 현재 디렉터리에서 새로운 디렉터리(dir1)를 생성한다.

```
$ mkdir dir1      ← 현재 디렉터리에 디렉터리(dir1) 생성
$ ls
dir1
$
```

다음과 같이 -p 옵션을 사용하여 하위 디렉터리(dir3)와 함께 새로운 디렉터리(dir2)를 생성한다.

```
$ mkdir dir2/dir3      ← 현재 디렉터리에 디렉터리(dir2/dir3) 생성 시도
mkdir: cannot create directory 'dir2/dir3': No such file or directory
$ mkdir -p dir2/dir3      ← 현재 디렉터리에 디렉터리(dir2/dir3) 생성
$ ls
dir1  dir2
$ ls  dir2      ← dir2 디렉터리에 dir3 존재 여부 확인
dir3
$
```

다음과 같이 -m 옵션을 사용하여 접근 모드가 700(rwx------)인 새로운 디렉터리(dir4)를 생성한다. 디렉터리(dir1, dir2)의 접근 모드는 775(rwxrwxr-x)이다.

```
$ mkdir -m 700 dir4      ← 현재 디렉터리에 디렉터리(dir4) 생성
$ ls -l
total 12
drwxrwxr-x 2 user1 user1 4096 Jan  3 21:58 dir1
drwxrwxr-x 3 user1 user1 4096 Jan  3 21:59 dir2
drwx------ 2 user1 user1 4096 Jan  3 22:00 dir4
$
```

(5) 디렉터리 삭제 : rmdir(remove directory)

rmdir 명령은 내용이 없는 빈 디렉터리를 삭제하는 명령이다.

형식	rmdir [옵션] 디렉터리
기능	기존의 빈 디렉터리를 삭제.
옵션	-p : 상위 빈 디렉터리와 함께 동시에 삭제한다.

다음과 같이 rmdir 명령으로 현재 디렉터리에 존재하는 서브 디렉터리(dir1, dir4) 삭제를 시도한다. dir4는 빈 디렉터리가 아니므로 삭제할 수 없다.

```
$ ls
dir1  dir2  dir4
$ rmdir dir1
$ ls
dir2  dir4
$ rmdir dir4      ← 현재 디렉터리에 디렉터리(dir4) 삭제 시도
rmdir: failed to remove 'dir4': Directory not empty
$
```

다음과 같이 rmdir 명령으로 상위 디렉터리가 있는 디렉터리(dir2/dir3) 삭제를 시도한다. -p 옵션을 사용하여 상위 디렉터리(dir2)와 함께 디렉터리(dir2/dir3)를 동시에 삭제한다. 상위 디렉터리(dir2)가 빈 디렉터리이어야 한다.

```
$ ls
dir2  dir4
$ rmdir dir2/dir3
$ ls
dir2  dir4        ← 상위 디렉터리(dir2) 존재
$ mkdir dir2/dir3
$ rmdir -p dir2/dir3
$ ls
dir4              ← 상위 디렉터리(dir2) 삭제
$
```

비어있지 않은 디렉터리는 다음과 같이 'rm -r' 명령으로 삭제할 수 있다. rm 명령에 관한 자세한 설명은 4.2.2절에서 소개한다.

```
$ rm -r dir4
$ ls
$
```

4.2.2 일반 파일

(1) 파일 복사 : cp(copy)

cp 명령은 파일 혹은 디렉터리를 복사하기 위한 명령이다.

형식	cp [옵션] 인자1(원본) 인자2(사본)
기능	파일 혹은 디렉터리를 복사.
옵션	-i : 인자2가 존재할 경우, 복사 여부를 확인한다. -r: 디렉터리를 복사한다.

cp 명령은 파일 혹은 디렉터리를 복사하기 위한 명령으로써 인자1(원본)과 인자2(사본)의 구성에 따라 다양하게 동작한다. 원본과 사본이 일반 파일인지 디렉터리인지에 따라 다르고, 사본 파일의 존재 여부에 따라 다르게 동작한다. cp 명령에 사용되는 옵션은 매우 다양하지만 자주 사용되는 옵션을 중심으로 알아본다.

① 파일을 파일로 복사

원본과 사본이 모두 일반 파일일 경우로서 원본 파일을 사본 파일로 복사한다. 사본 파일이 존재하지 않을 경우는 사본 파일을 생성하여 복사하고, 존재할 경우는 사본 파일에 원본 파일의 내용을 덮어쓴다.

```
$ ls
hello.c    ← 'hi.c' 파일 없음
$ cp hello.c hi.c
$ ls -l
total 8
-rw-rw-r-- 1 user1 user1   80 Dec 22 03:48 hello.c
-rw-rw-r-- 1 user1 user1   80 Jan  4 17:28 hi.c
$
```

② 덮어쓰기 확인: -i 옵션

-i 옵션과 함께 cp 명령을 실행시키면, 사본 파일이 이미 존재할 경우, 덮어쓰기 여부
를 물어본다. 'y'를 입력하면 덮어쓰기를 하고, 'n'을 입력하면 복사하지 않는다.

```
$ ls
hello.c hi.c
$ cp -i hello.c hi.c
cp: overwrite 'hi.c'? y   ← 덮어쓰기 여부?
$ ls -l
total 8
-rw-rw-r-- 1 user1 user1 80 Jan  4 18:20 hello.c
-rw-rw-r-- 1 user1 user1 80 Jan  4 18:20 hi.c
$
```

③ 파일을 디렉터리에 복사

원본은 일반 파일, 사본은 디렉터리일 경우로서 원본 파일을 디렉터리로 복사한다.
사본에 해당하는 디렉터리가 반드시 존재하여야 한다. 여러 개의 파일을 한 번에 디
렉터리로 복사할 수 있다. 이럴 경우, 마지막 인자는 반드시 디렉터리이어야 한다.

```
$ ls -R
.:
dir  hello.c  hi.c
./dir:          ← 빈 디렉터리
$ cp hello.c hi.c dir1
$ ls -l dir1
total 8
-rw-rw-r-- 1 user1 user1 80 Jan  4 17:54 hello.c
-rw-rw-r-- 1 user1 user1 80 Jan  4 17:54 hi.c
$
```

④ 디렉터리를 디렉터리로 복사 : -r 옵션

원본과 사본이 모두 디렉터리일 경우로서 -r 옵션을 사용하여 원본 디렉터리를 사본 디렉터리로 복사한다. 사본 디렉터리가 존재하지 않을 경우, 사본 디렉터리를 생성하고 원본 디렉터리의 파일을 사본 디렉터리에 복사한다.

```
$ cp dir1 dir2
cp: -r not specified; omitting directory 'dir1' ← 실패!
$ cp -r dir1 dir2
$ ls -R
.:
dir1 dir2  ← 'dir2' 디렉터리 생성
./dir1:
hello.c hi.c
./dir2:
hello.c hi.c  ← 'dir1' 디렉터리의 파일 복사
$
```

한편, 사본 디렉터리가 이미 존재할 경우는 원본 디렉터리 자체가 사본 디렉터리 아래에 복사된다.

```
$ cp -r dir1 dir2
$ ls -R
.:
dir1 dir2
./dir1:
hello.c  hi.c
./dir2:
dir1    ← 'dir1' 디렉터리 복사
./dir2/dir1:
hello.c  hi.c  ← 'dir1' 디렉터리의 파일 복사
$
```

(2) 파일 이동 : mv(move)

mv 명령은 파일 혹은 디렉터리를 이동하기 위한 명령이다.

형식	mv [옵션] 인자1(원본) 인자2(사본)
기능	파일 혹은 디렉터리를 이동.
옵션	-i : 인자2가 존재할 경우, 이동 여부를 확인한다.

mv 명령은 파일 혹은 디렉터리를 이동시키기 위한 명령으로써 파일 혹은 디렉터리의 이름을 변경하거나, 위치를 이동할 때 사용된다. cp 명령처럼 원본과 사본의 구성에 따라 다르게 동작한다. mv 명령에 사용되는 옵션은 매우 다양하지만 자주 사용되는 옵션을 중심으로 알아본다.

① 파일을 파일로 이동

원본과 사본이 모두 일반 파일일 경우로서 사본 파일이 존재하지 않을 경우는 원본 파일의 이름만 사본 파일의 이름으로 변경된다. 한편, 사본 파일이 존재할 경우는 원본 파일의 이름이 사본 파일의 이름으로 변경되고, 사본 파일은 삭제된다. 'ls -i' 명령을 이용하여 변경된 파일의 I-노드 번호를 확인하고, 원본 파일과 사본 파일을 구별하여 보자. 파일의 이름은 변경되었지만, 파일의 I-노드 번호가 같음을 확인할 수 있다.

```
$ ls -i
400354 hi.c
$ mv hi.c hello.c
$ ls -i
400354 hello.c    ← 원본 파일의 이름이 바뀜
$
```

② 덮어쓰기 확인: -i 옵션

-i 옵션과 함께 mv 명령을 실행시키면, 사본 파일이 이미 존재할 경우, 덮어쓰기 여부를 물어본다. 'y'를 입력하면 파일 이름을 덮어쓰기로 변경하고, 'n'을 입력하면 변경하지 않는다. 덮어쓰기는 원본 파일의 이름이 사본 파일의 이름으로 변경되고, 사본 파일은 삭제된다. 'ls -i' 명령을 이용하여 변경된 파일의 I-노드 번호를 확인하고, 원본 파일과 사본 파일을 구별하여 보자.

```
$ ls -i
400354 hello.c 400355 hi.c
$ mv -i hello.c hi.c
mv: overwrite 'hi.c'? y      ← 덮어쓰기 여부?
$ ls -i
400354 hi.c                  ← 원본 파일 이름 바뀜, 사본 파일 삭제
$
```

③ 파일을 디렉터리로 이동

원본은 일반 파일, 사본은 디렉터리일 경우로서 원본 파일의 위치를 사본 디렉터리로 이동한다. 사본에 디렉터리만 지정되면 원본 파일의 이름으로 이동하지만, 디렉터리를 포함한 파일 이름을 지정하면 원본 파일의 이름이 변경되어 이동된다. 또한 여러 개의 파일을 한 번에 디렉터리로 이동시킬 수도 있다. 이럴 경우, 마지막 인자는 반드시 디렉터리이어야 한다.

```
$ mv hello.c hi.c dir
$ ls -R
.:
dir

./dir:
hello.c  hi.c    ← 파일 이동
$
```

④ 디렉터리를 디렉터리로 이동

원본과 사본이 모두 디렉터리일 경우로서 사본 디렉터리의 존재 여부에 따라 실행 결과가 다르다. 사본 디렉터리가 존재하지 않을 경우, 원본 디렉터리의 이름이 사본 디렉터리의 이름으로 변경된다.

```
$ ls -R
.:
dir1

./dir1:
hello.c  hi.c
$ mv dir1 dir2
$ ls -R
.:
dir2     ← 'dir2' 디렉터리 이름 바뀜

./dir2:
hello.c hi.c
$
```

한편, 사본 디렉터리가 이미 존재할 경우, 원본 디렉터리 자체가 사본 디렉터리 아래로 이동하여 서브 디렉터리가 된다.

```
$ mkdir dir3
$ ls -R
.:
dir2 dir3  ← 'dir3' 디렉터리 존재
./dir2:
hello.c  hi.c

./dir3:   ← 빈 디렉터리
$
```

```
$ mv dir2 dir3
$ ls -R
.:
dir3

./dir3
dir2      ← 'dir2' 디렉터리 이동

./dir3/dir2:
hello.c  hi.c
$
```

(3) 파일 삭제 : rm(remove)

rm 명령은 파일 혹은 디렉터리를 삭제하기 위한 명령이다.

형식	rm [옵션] 파일 혹은 디렉터리
기능	파일 혹은 디렉터리를 삭제.
옵션	-i : 삭제 여부를 확인한다. -r : 디렉터리를 삭제한다.

rm은 기본적으로 일반 파일 삭제를 위한 명령이지만, -r 옵션과 함께 디렉터리를 삭제할 때도 자주 사용된다. rmdir은 빈 디렉터리만 삭제할 수 있는 명령이지만, rm은 빈 디렉터리가 아니어도 삭제할 수 있는 명령이다.

삭제된 파일은 복구할 수 없으므로 주의해야 하므로 삭제 여부를 확인하는 -i 옵션과 함께 사용하는 것이 좋다.

```
$ ls
dir  hello.c  hi.c
$ rm -i *.c
rm: remove regular file 'hello.c'? n
rm: remove regular file 'hi.c'? y
$ ls
dir  hello.c
$ rmdir dir
rmdir: failed to remove 'dir': Directory not empty
$ rm -r dir
$ ls
hello.c
$
```

4.2.3 링크 파일

리눅스 커널에서는 파일을 생성할 때마다 I-노드를 할당한다. 따라서 모든 파일은 I-노드를 가지고 있으며 I-노드는 고유 번호가 있다. 그러므로, 파일의 I-노드 번호가 다르면 서로 다른 파일임을 의미한다. 바꿔 말하자면, I-노드 번호가 같으면 비록 파일명이 다르더라도 같은 파일임을 의미한다.

링크에는 하드 링크(hard link)와 심볼릭 링크(symbolic link)가 있다. 하드 링크는 원본 파일에 새로운 파일명을 부여하는 것으로 원본 파일과 I-노드 번호가 같다. 반면, 심볼릭 링크는 원본 파일을 가리키는 새로운 파일을 만드는 것으로 원본 파일과 I-노드 번호와 다르다. 링크 파일을 생성하기 위한 ln 명령에 대하여 알아보자.

형식	ln [옵션] 인자1 인자2
기능	원본 파일(인자1)에 대한 하드 링크 파일(인자2)을 생성한다.
옵션	-s : 원본 파일(인자1)에 대한 심볼릭 링크 파일(인자2)을 생성한다.

(1) 하드 링크 : ln

하드 링크는 원본 파일에 새로운 파일명을 추가하는 것이다. 예를 들어, 다음과 같이 ln 명령을 사용하여 원본 파일(hi.c)에 대한 하드 링크 파일(h_hi.c)을 만들어 보자.

```
$ ls -il
513 -rw-rw-r-- 1 user1 user1 53 Jan  6 17:40 hi.c
$ ln hello.c h_hello.c
$ ls -il
513 -rw-rw-r- 2 user1 user1 53 Jan  6 17:40 hi.c
513 -rw-rw-r- 2 user1 user1 53 Jan  6 17:40 h_hi.c
$
```

원본 파일과 하드 링크 파일의 속성이 같음을 확인할 수 있다. I-노드 번호가 같으므로 새로운 파일이 생성된 것이 아니다. 파일명이 다르므로 사용자 관점에서는 다른 파일처럼 보이지만, 커널에서는 같은 파일로 취급한다. 파일명만 다를 뿐, 내부적으로 같은 파일이므로 한 파일의 내용이 바뀌면 두 파일 모두 바뀐 내용을 출력한다.

한편, 원본 파일의 하드 링크 수가 1 증가함을 확인할 수 있다. 원본 파일과 하드 링크 파일의 하드 링크 수가 모두 2이다. 만약 원본 파일 혹은 링크 파일 중 하나가 삭제되면 하드 링크 수는 다시 1로 줄어들 것이고, 남은 파일명으로 파일의 내용을 계속 사용할 수 있다.

(2) 심볼릭 링크 : ln -s

심볼릭 링크는 원본 파일을 가리키는 새로운 파일을 생성하는 것이다. 새로운 파일로 생성된 심볼릭 링크 파일의 내용을 출력하면 원본 파일의 내용이 출력된다. 예를 들어, 다음과 같이 ln 명령에 -s 옵션을 사용하여 원본 파일(hi.c)에 대한 심볼릭 링크 파일(s_hi.c)을 만들어 보자.

```
$ ls -il hi.c
513 -rw-rw-r-- 1 user1 user1 53 Jan  7 03:02 hi.c
$ ln -s hi.c s_hi.c
$ ls -il hi.c s_hi.c
513 -rw-rw-r-- 1 user1 user1 53 Jan  7 03:02 hi.c
514 lrwxrwxrwx 1 user1 user1 4 Jan  7 03:03 s_hi.c -> hi.c
$
```

원본 파일과 심볼릭 링크 파일의 속성이 다름을 확인할 수 있다. 심볼릭 파일은 타입 필드에 'l'(소문자 L)로 표시되며, 파일명도 '->'로 표시하여 원본 파일명을 가리킨다. 하드 링크 수도 증가하지 않았고, 파일 크기도 원본 파일과 다르다. 무엇보다도, I-노드 번호가 원본 파일과 다르므로 새롭게 생성된 것이다. 하지만, 심볼릭 링크 파일의 내용을 출력하면 원본 파일의 내용이 출력된다. 따라서 한 파일의 내용이 바뀌면 두 파일 모두 바뀐 내용을 출력하게 된다.

```
$ cat hi.c
#include <stdio.h>
int main() {
     printf("Hi!\n");
}
$ cat s_hi.c
#include <stdio.h>
int main() {
     printf("Hi!\n");
}
$
```

4.2.4 파일 내용 보기

(1) 파일 내용 보기 : cat(concatenate)

cat 명령은 텍스트 파일의 내용을 간단하게 확인할 때 주로 사용하는 명령이지만 옵션에 따라 다양한 기능을 제공한다.

형식	cat [옵션] [파일]
기능	파일 내용 출력 혹은 파일 생성.
옵션	-n : 모든 줄에 줄 번호를 출력한다. -b : 빈 줄에는 번호를 출력하지 않는다.

① 기본적으로 cat은 파일의 내용을 간단히 화면으로 출력하여 그 내용을 확인하는 데 사용되지만, cat은 concatenate(연결하다) 의미로서 여러 개의 파일 내용을 읽어서 순서대로 연결하여 출력할 수 있다.

```
$ cat hello.txt
Hello~?
$ cat hi.txt
Hi~?
$ cat hello.txt  hi.txt
Hello?
Hi~?
$
```

② cat 명령에서 표준 입력으로 입력된 내용을 표준 출력으로 출력한다. 표준 입력을 마침은 <Ctrl+d> 키를 누른다.

```
$ cat
The first line.        ← 표준 입력
The first line.        ← 표준 출력
$
```

③ 리다이렉션(>, >>)을 이용하여 표준 출력을 파일로 변경하면, 표준 입력으로 입력된 내용이 지정한 파일에 저장된다.

```
$ cat > line.txt
The first line.            ← 표준 입력
$ cat >> line.txt
The second line.          ← 표준 입력
$ cat line.txt
The first line.
The second line.
$ cat -n line.txt
    1      The first line.
    2      The second line.
$
```

(2) 큰 파일 내용 보기 : more

more 명령은 파일의 내용을 화면 단위로 출력한다. cat은 작은 파일의 내용을 보기에 좋으나 큰 파일의 경우, 내용이 많아 한 화면을 스크롤 하게 되면 정지시킬 수 없다. 따라서, more는 큰 파일의 내용을 스크롤 시키면서 보는데 적절하다.

형식	more [옵션] [파일]
기능	파일 내용을 화면 단위로 출력.
옵션	-[n] : [n] 줄 단위로 출력. +[n] : [n] 줄 이루부터 출력. -s : 연속 빈 줄을 한 빈 줄로 출력.

예를 들어, 다음과 같이 -5 옵션과 함께 more 명령으로 /etc/passwd 파일의 내용을 5줄 단위로 확인할 수 있다.

```
$ more -3 /etc/passwd
root:x:0:0:root:/root:/bin/bash
daemon:x:1:1:daemon:/usr/sbin:/usr/sbin/nologin
bin:x:2:2:bin:/bin:/usr/sbin/nologin
--More--(4%)
```

5줄 단위의 내용을 출력한 후, 전체 내용의 4%를 보았다는 의미로 "--More--(6%)"
메시지를 표시한다. 이 상태에서 [표 4-5]와 같은 내부 명령을 사용하여 more 실행을
제어한다. 예를 들어, more 명령을 종료하려면 'q'를 입력한다.

[표 4-5] more 내부 명령

명령	의미	명령	의미
Space bar	다음 페이지 출력	Enter	다음 줄 출력
=	현재 줄 번호 출력	q	종료

(3) 파일 부분 내용 보기 : head/tail

head 명령은 파일 내용의 처음 시작 부분, tail은 파일의 끝 마지막 부분을 [n] 줄 단위
로 표시한다. 만일, [n]이 명시되지 않으면 [n]의 기본값은 10이다. head/tail은 파일
의 주제 부분만을 확인하는 데 매우 유용하다.

형식	head [옵션] [파일]
기능	파일 처음 부분의 내용을 줄 단위로 출력.
옵션	-n : [n] 줄 단위로 출력. (기본값=10)

예를 들어, 다음과 같이 -3 옵션과 함께 head 명령으로 /etc/passwd 파일의 처음 3줄
내용을 확인할 수 있다.

```
$ head -3 /etc/passwd
root:x:0:0:root:/root:/bin/bash
daemon:x:1:1:daemon:/usr/sbin:/usr/sbin/nologin
bin:x:2:2:bin:/bin:/usr/sbin/nologin
$
```

마찬가지로, 다음과 같이 -3 옵션과 함께 tail 명령으로 /etc/passwd 파일의 마지막 3
줄 내용을 확인할 수 있다.

```
$ tail -3 /etc/passwd
computer:x:1000:1000:computer:/home/computer:/bin/bash
systemd-coredump:x:999:999:systemd Core Dumper:/:/usr/sbin/nologin
user1:x:1001:1001:,,,:/home/user1:/bin/bash
$
```

4.2.5 파일 상태정보

[1] 파일 상태정보 확인 : stat

stat 명령은 파일 혹은 디렉터리의 자세한 상태정보를 확인하기 위한 명령이다.

형식	stat [옵션] 파일 혹은 디렉터리
기능	파일의 상태정보를 보여준다.
옵션	-f : 파일이 저장된 파일 시스템의 상태정보를 보여준다. -L : 링크 파일의 원본 파일 정보를 보여준다.

① 옵션 없이 stat 명령을 실행시키면, 다음과 같이 파일의 상태정보를 보여준다. 파일의 상태정보를 나타내는 각 필드에 대한 의미는 [표 4-6]과 같다.

```
$ stat hello.c
 File: hello.c
 Size: 89    Blocks: 8
 IO Block: 4096   regular file
 Device: 805h/2053d
 Inode: 786601    Links: 1
 Access: (0664/-rw-rw-r--)
 Uid: (1001/user1) Gid: (1001/user1)
 Access: 2022-03-21 18:48:44.051782831 -0700
 Modify: 2022-03-21 18:48:44.051782831 -0700
 Change: 2022-03-21 18:48:44.051782831 -0700
 Birth: -
$
```

[표 4-6] stat의 상세 정보

필드	의미	필드	의미
File	파일명	Access	접근 권한(숫자/문자)
Size	파일 크기(바이트)	Uid	소유자 ID/이름
Blocks	할당된 블록 수	Gid	그룹 ID/이름
IO Block	IO 블록 크기 및 파일 타입	Access	마지막 접근 날짜 및 시간
Device	장치 번호(16진수/10진수)	Modify	마지막 수정 날짜 및 시간
Inode	파일의 I-노드 번호	Change	마지막 변경 날짜 및 시간
Links	하드 링크 수	Birth	파일 생성 시간(-)

② -f 옵션과 함께 stat 명령을 실행시키면, 다음과 같이 파일이 저장된 파일 시스템
에 대한 상태정보를 보여준다.

```
$ stat -f hello.c
  File: "hello.c"
  ID: d4195227747e0d46 Namelen: 255
  Type: ext2/ext3  Block size: 4096
  Fundamental block size: 4096
  Blocks: Total: 4998044   Free: 2521188
  Available: 2261540
  Inodes: Total: 1277952   Free: 1070258
$
```

③ -L 옵션과 함께 stat 명령을 실행시키면, 심볼릭 링크 파일이 가리키는 원본 파일
에 대한 상태정보를 보여준다.

- 먼저, 다음과 같이 원본 파일(hello.c)을 가리키는 심볼릭 링크 파일(s_hello.c)
  을 생성한 후, I-노드 번호를 확인한다.

```
$ ln -s hello.c s_hello.c
$ ls -il hello.c s_hello.c
786601 -rw-rw-r-- 1 user1 user1 0 Mar 21 18:48 hello.c
786693 lrwxrwxrwx 1 user1 user1 7 Mar 21 20:02 s_hello.c -> hello.c
$
```

- 옵션 없이 심볼릭 링크 파일의 상태정보를 확인해 본다. 심볼릭 링크 파일 자체에 대한 정보를 보여줌을 알 수 있다.

```
$ stat s_hello.c
 File: s_hello.c -> hello.c
 Size: 7  Blocks: 0
 IO Block: 4096   symbolic link        ← 심볼릭 파일
 Device: 805h/2053d
 Inode: 786693    Links: 1
 Access: (0777/lrwxrwxrwx)
 Uid: (1001/user1)  Gid: (1001/user1)
 ---<중간 생략>---
$
```

- -L 옵션과 함께 심볼릭 링크 파일의 상태정보를 확인해 본다. 심볼릭 링크 파일이 가리키는 원본 파일에 대한 정보를 보여줌을 알 수 있다.

```
$ stat -L s_hello.c
 File: s_hello.c
 Size: 89  Blocks: 8
 IO Block: 4096   regular file        ← 일반 파일
 Device: 805h/2053d
 Inode: 786601    Links: 1
 Access: (0664/-rw-rw-r--)
 Uid: (1001/user1) Gid: (1001/user1)
 ---<중간 생략>---
$
```

(2) 파일 타임 스탬프 설정 : touch

touch 명령은 주어진 파일의 접근시간(access time) 및 변경 시간(modification time) 등의 타임 스탬프(time stamp) 정보를 설정한다. 만약, 주어진 파일이 존재하지 않을 경우는 내용이 없는 빈 파일이 생성된다. 따라서 touch 명령은 파일의 시간 정보를 변경할 경우보다 내용이 필요 없는 간단한 파일을 만들 때 주로 사용된다.

형식	touch [옵션] 파일
기능	빈 파일 생성 혹은 파일 타임 스탬프를 설정한다.
옵션	-a : 파일 접근시간(access time)을 설정한다. -m : 파일 변경 시간(modification time)을 설정한다. -t : [MMDDhhmm] 형식으로 타임 스탬프를 설정한다.

① 새로운 파일을 지정하여 옵션 없이 touch 명령을 실행시키면, 빈 내용의 새로운 파일을 생성할 수 있다. 예를 들어, 다음과 같이 옵션 없이 새로운 파일명 (hello.txt)을 지정하여 touch 명령을 실행한 후, ls -l 명령으로 빈 파일이 생성되었음을 알 수 있다.

```
$ touch hello.txt
$ ls -l hello.txt
-rw-rw-r-- 1 user1 user1 0 Mar 21 19:28 hello.txt
$
```

② 이미 존재하는 파일을 지정하여 옵션 없이 touch 명령을 실행시키면, 파일의 타임 스탬프 정보가 모두 현재 시각으로 설정된다. 예를 들어, 이미 존재하는 파일(hello.txt)의 타임 스탬프 정보를 변경하여 보자.

• 우선, stat 명령으로 기존 파일(hello.txt)의 타임 스탬프 정보를 확인한다.

```
$ stat hello.txt
 File: hello.txt
 Size: 0     Blocks: 0
 IO Block: 4096   regular empty file
 Device: 805h/2053d
 Inode: 786627    Links: 1
 Access: (0664/-rw-rw-r--)
 Uid: (1001/user1)  Gid: (1001/user1)
 Access: 2022-03-21 19:28:16.706440002 -0700
 Modify: 2022-03-21 19:28:16.706440002 -0700
 Change: 2022-03-21 19:28:16.706440002 -0700
 Birth: -
$
```

- 이제, 기존 파일(hello.txt)에 touch 명령을 옵션 없이 실행한 후, stat 명령으로 기존 파일(hello.txt)의 타임 스탬프 정보를 확인한다. 모든 타임 스탬프 정보가 현재 시각으로 변경됨을 알 수 있다.

```
$ touch hello.txt
$ stat hello.txt
 File: hello.txt
 Size: 0   Blocks: 0
 IO Block: 4096   regular empty file
 Device: 805h/2053d
 Inode: 786627    Links: 1
 Access: (0664/-rw-rw-r--)
 Uid:(1001/user1) Gid:(1001/user1)
 Access: 2022-03-21 19:43:31.144033393 -0700
 Modify: 2022-03-21 19:43:31.144033393 -0700
 Change: 2022-03-21 19:43:31.144033393 -0700
 Birth: -
$
```

4.2.6 파일 검색

[1] 파일 내용 검색 : grep

grep은 "general regular expression parser"(범용 정규 표현 파서)의 약자로써 주어진 파일에서 문자열을 검색하여 그 문자열이 포함된 내용을 줄 단위로 출력하는 명령이다. grep 명령은 파일 내용에 포함된 특정 문자열을 검색하기 위한 명령으로서 지정한 문자열이 포함된 모든 줄을 모두 보여준다.

형식	grep [옵션] 문자열 [파일명]
기능	지정한 문자열이 포함된 줄 출력.
옵션	-c : 문자열이 포함된 줄 개수를 출력한다. -i : 대소문자를 구별하지 않는다. -l : 문자열이 포함된 파일을 출력한다. -n: 줄 번호와 함께 출력한다.

① 옵션 없이 grep 명령을 실행시키면, 주어진 파일에서 문자열이 포함된 줄을 검색한 후, 그 문자열이 포함된 모든 줄의 내용을 출력한다. 예를 들어, 다음과 같이 옵션 없이 grep 명령으로 /etc/passwd 파일에서 "user1" 문자열을 검색한다. "user1" 문자열이 포함된 줄의 내용을 확인할 수 있다.

```
$ grep user1 /etc/passwd
user1:x:1001:1001:,,,:/home/user1:/bin/bash
$
```

② -c 옵션과 함께 grep 명령을 실행시키면, 주어진 파일에서 문자열이 포함된 줄을 검색한 후, 그 문자열이 포함된 모든 줄의 개수를 출력한다. 예를 들어, 다음과 같은 grep 명령으로 /etc/passwd 파일에서 "user1" 문자열을 검색한다. "user1" 문자열이 포함된 줄이 1개임을 확인할 수 있다.

```
$ grep -c user1 /etc/passwd
1
$
```

③ -i 옵션과 함께 grep 명령를 실행시키면, 대소문자를 구별하지 않고 문자열이 포함된 줄을 검색한 후, 그 문자열이 포함된 모든 줄을 출력한다. 예를 들어, 다음과 같은 grep 명령으로 /etc/passwd 파일에서 "USER1" 문자열을 검색한다. "USER1"과 "user1"을 구별하지 않고 검색함을 확인할 수 있다.

```
$ grep -i USER1 /etc/passwd
user1:x:1001:1001:,,,:/home/user1:/bin/bash
$
```

④ -l 옵션과 함께 여러 개의 파일에서 grep 명령을 실행시키면, 문자열이 포함된 파일을 출력한다. 예를 들어, 다음과 같은 grep 명령으로 /etc/passwd 파일과 /bin/bash 파일에서 "user1" 문자열을 검색한다. /etc/passwd 파일에 "user1" 문자열이 포함되어 있음을 확인할 수 있다.

```
$ grep -l user1 /etc/passwd   /bin/bash
/etc/passwd
$
```

⑤ -n 옵션과 함께 grep 명령을 실행시키면, 문자열이 포함된 줄을 줄 번호와 함께 출력한다. 예를 들어, 다음과 같은 명령으로 /etc/passwd 파일에서 "user1" 문자열이 포함된 줄이 줄 번호와 함께 출력됨을 확인한다.

```
$ grep -n user1 /etc/passwd
47:user1:x:1001:1001:,,,:/home/user1:/bin/bash
$
```

[2] 파일 위치 검색 : find

fine 명령은 디렉터리 계층에서 파일의 위치를 검색하는 명령이다. grep 명령은 주어진 파일들에서 특정 문자열을 검색하는 반면, find 명령은 주어진 디렉터리에서 특정 파일을 검색하는 명령이다. fine 명령은 다양한 조건으로 검색할 수 있으며 사용법이 복잡하다. 여기에서는 기본적인 사용법에 대해서만 살펴보도록 한다.

형식	find [경로명] [옵션] [명령 실행]
기능	지정한 옵션으로 검색하여 지정한 명령을 실행
옵션	-name: 파일 이름으로 검색 -type: 파일 타입으로 검색 -user: 파일 소유자로 검색 -ok 명령 {} \: 처리 여부를 확인하면서 검색된 파일에 대한 명령 실행 -exec 명령 {} \: 검색된 파일에 대한 명령 실행 -print: 검색된 파일의 경로명을 출력

① 현재 디렉터리(.)부터 시작하여 -name 옵션으로 hello.c를 검색해 보자.

```
$ find . -name hello.c -print
./hello.c
./dir1/hello.c
$
```

② -name 옵션으로 hello.c 파일을 검색한 후, -ok 옵션을 사용하여 rm 명령을 실행해 보자. '-ok rm {} \;' 에서 공백 문자 입력을 주의해야 한다.

```
$ find -name hello.c -ok rm {} ₩;
< rm ... ./hello.c > ? y
< rm ... ./dir1/hello.c > ? n
$ find -name hello.c
./dir1/hello.c
$
```

③ -name 옵션으로 hello.c 파일을 검색한 후, -exec 옵션을 사용하여 cat 명령을 실
   행해 보자. '-exec cat {} \;' 에서 공백 문자 입력을 주의해야 한다.

```
$ find -name hello.c -exec cat {} ₩;
#include <stdio.h>
int main() {
    printf("Hello World !!!₩n");
}
$
```

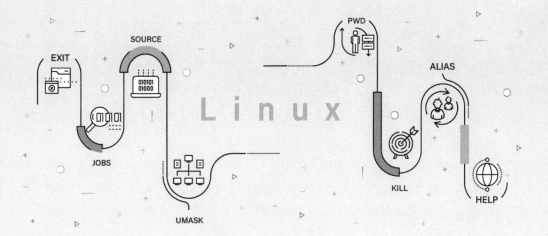

C H A P T E R

5

프로세스

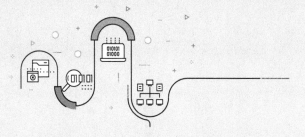

리눅스에서 프로세스(process)는 파일(file)과 함께 가장 중요한 개념이다. 프로세스를 한 마디로 명확하게 정의할 수는 없지만, 일반적으로 프로세스(process)란 "실행 중인 프로그램(program in execution)"이라고 정의한다. 이것은 프로세스는 프로그램과 다르다는 의미를 내포하고 있다. 프로그램은 프로세스가 처리해야 하는 일들을 프로그래밍 언어로 명시해 놓은 파일에 해당하고, 프로세스는 그 일을 처리하는 주체가 되는 것이다. 다시 말해서, 프로세스는 컴퓨터 시스템에서 프로그램을 실행하는 주체이다. 프로세스와 파일은 리눅스 커널에 의해 생성되고, 파일은 프로세스에 의해 사용된다. 이 장에서는 프로세스 관리와 관련된 프로세스 상태와 계층 구조, 그리고 기본적인 명령에 대하여 알아본다.

5.1 개요

프로세스는 프로세스의 요청으로 커널에 의해 생성된다. 이때 프로세스 생성을 요청한 프로세스를 부모 프로세스, 생성된 프로세스를 자식 프로세스라고 부른다. 리눅스에서는 프로세스를 효율적으로 관리하기 위하여 프로세스의 부모-자식 관계를 계층 구조로 유지한다. 마치 파일 시스템의 디렉터리가 계층 구조인 것처럼 프로세스의 부모-자식 관계가 계층 구조이다. 최초 프로세스를 제외하고 모든 프로세스는 부모 프로세스가 존재하며, 여러 개의 자식 프로세스를 가질 수 있다. 이 절에서는 리눅스에서 프로세스 상태와 프로세스 계층 구조를 소개한다.

5.1.1 프로세스 상태

다중 처리(Multi-tasking)를 지원하는 시스템에서 여러 개의 프로세스를 동시에 실행시킬 경우, CPU에 의해 실질적으로 실행 중인 프로세스는 오직 하나뿐이다. 나머지 프로세스들은 대기하여야 한다. 따라서 실행 중이 아닌 상태의 프로세스가 존재한다.

리눅스 커널에서는 프로세스의 상태를 기본적으로 다음과 같이 정의하고 있다.

① RUNNING : 실행 혹은 준비 상태

② INTERRUPTIBLE : 인터럽트 가능 대기 상태

③ UNINTERRUPTIBLE : 인터럽트 불가능 대기 상태

④ STOPPED : 정지 상태.

⑤ ZOMBIE : 좀비 상태

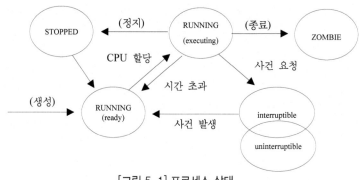

[그림 5-1] 프로세스 상태

새로운 프로세스가 생성되면 RUNNING 상태로 런 큐(run queue)에 등록되어 CPU 할당을 기다린다. 스케줄러는 런 큐에 있는 여러 프로세스 중에서 우선순위가 가장 높은 프로세스를 결정한 후 CPU를 할당한다. 리눅스에서 프로세스의 RUNNING 상태는 준비(ready) 혹은 실행 중(executing)임을 의미한다.

CPU가 할당된 프로세스는 RUNNING 상태에서 실행되다가 주어진 시간을 초과할 경우, CPU를 빼앗긴다. 또한, RUNNING 상태에서 어떤 사건을 요청할 경우, 대기 상태로 변환된다. 대기 상태에는 인터럽트가 가능한 INTERRUPTIBLE 상태와 인터럽트가 불가능한 UNINTERRUPTIBLE 상태로 구별된다. 이들은 요청한 사건이 발생할 때까지 대기한다는 점은 같다.

한편, 실행을 종료할 경우, RUNNING 상태에서 ZOMBIE 상태로 변환된다. ZOMBIE 상태는 프로세스가 종료되어 실행되지는 않지만, 아직 프로세스 리스트에

존재한다. 이를 위해 프로세스가 종료할 때 부모 프로세스에 시그널(signal)을 보내고, 부모 프로세스는 ZOMBIE 상태의 자식 프로세스를 프로세스 리스트에서 삭제한다. 만약, 부모 프로세스가 자식 프로세스보다 먼저 종료하게 되면 자식 프로세스는 ZOMBIE 상태에서 고아 프로세스가 된다. 고아 프로세스는 시스템이 종료될 때 1번 프로세스에 의해 삭제된다. 마지막으로, 실행 중인 RUNNING 상태의 프로세스가 정지 시그널을 받았을 경우, 프로세스의 실행이 정지되고 STOPPED 상태로 변환된다. 이처럼, 프로세스는 커널에 의해 생성되어 사라질 때까지 여러 가지 상태를 거치면서 실행되고 있음을 유의하자.

5.1.2 프로세스 계층 구조

커널에서 프로세스를 생성할 때 프로세스를 식별하기 위하여 고유의 식별자 번호를 부여한다. 이 고유의 식별자 번호를 PID(Process ID)라고 부른다. PID는 0부터 시작된다. 따라서 PID가 0인 프로세스가 최초의 프로세스에 해당한다. 최초의 프로세스는 리눅스 시스템이 부팅되는 과정에서 생성되며 idle 혹은 swapper 프로세스라고 부른다. 이후로 0번 프로세스에 의해 1번(systemd or init), 2번(kthreadd) 프로세스가 차례로 생성된다. 따라서 0번 프로세스는 1번, 2번 프로세스의 부모 프로세스가 된다. 참고로 systemd는 사용자 프로세스의 최상위 프로세스이고, kthreadd는 커널 프로세스의 최상위 프로세스이다.

지금까지 로그인하여 사용했던 셸도 프로세스이다. 예를 들어, ps -f 명령으로 현재 셸 프로세스의 식별자 번호(PID)와 부모 프로세스의 식별자 번호(PPID)를 확인해 보면 다음과 같다. ps -f 명령 사용법은 5.2.1절에서 소개한다.

```
$ ps -f     ← 현재 셸 프로세스의 PID 및 PPID 확인
UID   PID   PPID C STIME  TTY    TIME   CMD
user1 2333  2323  0 21:07  pts/0 00:00:00  bash
user1 15111 2333  0 22:45  pts/0 00:00:00  ps -f
$
```

ps –f 명령을 실행한 프로세스(PID: 15111)와 bash(/bin/bash) 프로그램을 실행한 셸 프로세스(PID: 2333)에 대한 정보가 보인다. ps –f 명령을 실행한 프로세스의 PPID(2333)가 셸 프로세스의 PID(2333)와 같다. 이것은 셸 프로세스가 ps –f 명령을 실행한 프로세스의 부모 프로세스임을 의미한다. 따라서 ps –f 명령은 셸 프로세스에 의해 생성된 자식 프로세스에 의해 실행된 것이다.

계속해서, 셸 프로세스의 PPID(2323)를 추적하여 최상위 프로세스의 PID를 확인해 보자. ps –ef 명령은 모든 프로세스의 상세 정보를 보여준다. 그중에서 2323이 포함된 줄을 grep 명령으로 검색하여 head –1 명령으로 첫 줄만 출력한다. 현재 셸 프로세스로부터 상위 프로세스를 거슬러 올라가면 결국, PID가 1인 최상위 프로세스(systemd)를 만나게 됨을 확인할 수 있다.

```
$ ps -ef | grep 2323 | head -1      ← 프로세스(PID: 2323)의 PPID 확인
user1 2323 1378 0 21:07 ? 00:00:04  /usr/libexec/gnome
$ ps -ef | grep 1378 | 프로세스(PID: 1378)의 PPID 확인
user1 1378   1  0 21:06 ? 00:00:00  /lib/systemd/systemd
$
```

5.2 프로세스 관리

5.2.1 프로세스 확인

[1] 프로세스 목록 보기 : ps

ps 명령은 현재 실행 중인 프로세스들의 목록과 상태정보를 보기 위한 명령이다. ps 명령과 함께 주어지는 옵션에는 세 가지 유형(UNIX, BSD, GNU)이 있다. UNIX 옵션은 '-'로 시작하며, BSD 옵션은 '-'이 없다. 그리고 GNU 옵션은 '--'로 시작한다. 우분투에서는 세 가지 유형을 모두 지원하므로 매우 다양한 옵션이 존재한다. 여기에서는 UNIX 옵션을 중심으로 사용법을 알아본다.

형식	ps [옵션]
기능	현재 실행 중인 프로세스의 목록과 상태정보를 보여준다.
옵션	-e: 모든 프로세스의 정보를 보여준다. -f: 프로세스의 상세 정보를 보여준다. -l: 긴 형식(long format)으로 보여준다. -p: 특정 PID 프로세스의 정보를 보여준다. -u: 특정 사용자 프로세스의 정보를 보여준다. -y: 플래그를 보여주지 않는다.

① 옵션 없이 ps 명령을 실행하면, 다음과 같이 현재 터미널에서 실행 중인 프로세스의 목록과 기본적인 정보를 보여준다.

```
$ ps    ← 현재 터미널의 프로세스 목록
  PID TTY      TIME   CMD
 1942 pts/0  00:00:00   bash
 2460 pts/0  00:00:00   ps
$
```

현재 실행 중인 프로세스는 2개이고, 각 프로세스의 기본적인 정보로써 4가지 필드
(PID, TTY, TIME, CMD)를 보여준다. 각 필드가 의미하는 정보는 [표 5-1]과 같다.

[표 5-1] ps 기본정보

필드	의미
PID	프로세스의 식별자
TTY	프로세스가 실행된 터미널
TIME	프로세스가 실행된 시간
CMD	프로세스가 실행한 명령 혹은 프로그램

이 출력 결과를 통하여 각 프로세스에 대한 정보를 다음과 같이 확인할 수 있다.

- 현재 실행 중인 프로세스는 2개이고, 각 프로세스의 PID는 1942, 2460이다.
- 현재 사용 중인 터미널 번호는 모두 pts/0이다.
- 프로세스의 실행시간은 모두 00:00:00이다
- PID(1942)는 bash 프로그램을 실행하고 있는 셸 프로세스이다.
- PID(2460)는 ps 명령 자체를 실행한 프로세스이다.

② -f 옵션과 함께 ps 명령을 실행하면, 다음과 같이 프로세스의 상세 정보를 보
   여준다. 기본정보를 포함하여 4가지 필드(UID, PPID, C, STIME)를 추가하여
   보여준다. 각 필드가 의미하는 정보는 [표 5-2]와 같다.

```
$ ps -f    ← 현재 터미널의 프로세스 상세 정보
UID      PID   PPID C STIME TTY    TIME CMD
user1   1942   1931 0 05:48 pts/0  00:00:00 bash
user1   2468   1942 0 06:16 pts/0  00:00:00 ps -f
$
```

[표 5-2] ps -f 상세 정보

필드	의미
UID	사용자 ID
PID	프로세스 ID
PPID	부모 프로세스 ID
C	CPU 사용량(%)
STIME	프로세스가 실행된 시작시간
TTY	프로세스가 실행된 터미널
TIME	프로세스가 실행된 시간
CMD	프로세스가 실행한 명령 혹은 프로그램

이 상세 정보를 통하여 다음과 같은 추가 정보를 확인할 수 있다.

- 프로세스를 실행한 사용자 ID는 모두 user1이다.
- PID가 1942인 프로세스는 bash 프로그램을 실행하고 있는 셸 프로세스이다.
- PID가 2468인 프로세스는 ps –f 명령을 실행한 프로세스이다.
- bash 프로세스(PID:1942)는 ps -f 명령을 실행한 프로세스(PID: 2468)의 부모 프로세스이다.

③ -l 옵션과 함께 ps 명령을 실행시키면 다음과 같이 프로세스의 상태를 포함한 상세 정보를 긴(long) 형식으로 보여준다. 각 필드가 의미하는 정보는 [표 5-3]과 같다.

```
$ ps -l      ← 현재 터미널의 프로세스의 상세 정보
F S UID  PID  PPID C PRI NI RSS   SZ WCHAN TTY   TIME   CMD
0 S 1001 1906 1898 0 80   0  4976 2654 do_wai pts/0 00:00:00 bash
0 R 1001 1946 1906 0 80   0  1072 2854   -     pts/0 00:00:00 ps
$
```

[표 5–3] ps –l 상세 정보

필드	의미
F	프로세스 플래그
S	프로세스 상태
UID	사용자 ID
PID	프로세스 ID
PPID	부모 프로세스 ID
C	CPU 이용률(%)
PRI	프로세스 우선순위
NI	NICE 값
RSS	물리 메모리 크기(KB)
SZ	가상 메모리 크기(KB)

필드	의미
WCHAN	대기 채널
TTY	프로세스 실행 터미널
TIME	CPU 사용시간(초)
CMD	프로세스 실행 명령

[표 5-3]에서 프로세스 상태를 나타내는 S 필드의 표시가 의미하는 정보는 [표 5-4]와 같다.

[표 5-4] 프로세스 상태(S) 정보

표시	의 미
R	실행 중 혹은 실행 가능
D	인터럽트 불가(Uninterruptible) 대기
S	인터럽트 가능(Interruptible) 대기
T	정지(Stopped) 상태
Z	좀비(Zombie) 상태
I	Idle 커널 스래드
N	낮은 우선순위

④ -e 옵션과 함께 ps 명령을 실행시키면 다음과 같이 시스템의 모든 프로세스 정보를 보여준다. 아주 많은 프로세스가 존재함을 알 수 있다.

```
$ ps -e      ← 시스템의 모든 프로세스 목록
 PID TTY     TIME   CMD
  1 ?       00:00:02  systemd
  2 ?       00:00:00  kthreadd
---<중간 생략>---
 2731 pts/0  00:00:00  bash
 3974 pts/0  00:00:00  ps
$
```

⑤ -p 옵션과 함께 특정 프로세스의 PID을 부여하여 다음과 같이 'ps -fp 2731' 명령
을 실행시키면 PID가 2731인 프로세스의 상세 정보를 보여준다.

```
$ ps -fp 2731      ← 프로세스(PID: 2731) 상세 정보
UID      PID  PPID  C STIME TTY      TIME  CMD
user1    2731  2721 0 21:24  pts/0    00:00:00 bash
$
```

⑥ -u 옵션과 함께 특정 사용자 로그인 ID을 부여하여 다음과 같이 'ps -u user1'
명령을 실행시키면 user1 사용자가 실행한 프로세스의 목록을 보여준다.

```
$ ps -u user1     ← 프로세스(UID: user1) 목록
  PID TTY      TIME CMD
  1328 ?      00:00:00 systemd
  1329 ?      00:00:00 (sd-pam)
---<중간 생략>---
  2731 pts/0   00:00:00 bash
  3983 pts/0   00:00:00 ps
$
```

[2] 프로세스 검색 : pgrep

pgrep 명령은 전체 프로세스 중에 특정 프로세스를 검색하기 위한 명령으로써 특정
패턴과 일치하는 프로세스의 PID를 보여준다. 기본적으로, pgrep 명령은 'ps | grep'
을 수행하는 것과 같은 효과이다. ps 명령의 결과를 파이프(|)를 통해 grep 명령으로
전달하여 특정 패턴을 포함한 프로세스의 정보를 출력한다.

형식	pgrep [옵션] 패턴
기능	주어진 패턴과 일치한 프로세스의 PID를 보여준다.
옵션	-l: 프로세스의 PID와 CMD를 함께 보여준다. -u: 특정 사용자 프로세스의 PID를 보여준다. -x: CMD와 패턴이 일치한 프로세스의 PID를 보여준다.

① 프로세스 PID

옵션 없이 pgrep 명령을 실행시키면 CMD에 주어진 패턴이 포함된 프로세스들의 PID를 보여준다. -x 옵션은 주어진 패턴과 정확히 일치하는 프로세스만의 PID를 보여준다. 예를 들어, 다음과 같이 옵션 없이 bash 프로세스를 검색할 수 있다.

```
$ pgrep bas      ← 프로세스(CMD: bas*) 목록
1906
$ pgrep -x bas   ← 프로세스(CMD: bas) 목록
$ pgrep -x bash  ← 프로세스(CMD: bash) 목록
1906
$
```

② 프로세스 PID 및 CMD: -l 옵션

-u 옵션과 함께 'pgrep -l ba' 명령을 실행시키면, 다음과 같이 CMD에 "ba" 문자열이 포함된 프로세스의 PID와 CMD를 보여준다.

```
$ pgrep -l ba    ← 프로세스(CMD: *ba*) 목록
30 writeback
698 irqbalance
2731 bash
$
```

③ 특정 사용자의 프로세스 PID 및 CMD: -u 옵션

-u 옵션과 함께 특정 사용자 로그인 ID을 부여하여 'pgrep -lu user1 ba' 명령을 실행시키면, 다음과 같이 UID가 user1이고 CMD에 "ba" 문자열이 포함된 프로세스의 PID와 CMD를 보여준다.

```
$ pgrep -lu user1 ba    ← 프로세스(UID: user1,CMD: *bs*) 목록
2731 bash
$
```

(3) 프로세스 계층 : ptree

pstree 명령은 프로세스의 계층 구조를 부모-자식 관계의 트리(tree) 형태로 출력해
주는 명령이다.

형식	pstree [옵션] [인자]
기능	프로세스의 계층 구조를 보여준다.
옵션	-a: 프로세스의 인자와 CMD를 함께 보여준다. -p: 프로세스의 PID와 CMD를 함께 보여준다. -u: 특정 사용자 프로세스의 PID를 보여준다.

① 옵션 없이 pstree 명령을 실행시키면 다음과 같은 화면이 출력된다.

```
$ pstree
systemd ┬─ModemManager────────2*[{ModemManager}]
        ├─NetworkManager────────2*[{NetworkManager}]
        ├─VGAuthService
        ├─accounts-daemon────────2*[{accounts-daemon}]
        ├─acpid
---<이하 생략>---
```

② -a 옵션과 함께 pstree 명령을 실행시키면, 다음과 같이 프로세스가 실행될 때 설
   정된 인자(argument)를 프로세스 이름과 함께 보여준다.

```
$ pstree -a
systemd auto noprompt
  ├─ModemManager --filter-policy=strict
  │   └─2*[{ModemManager}]
  ├─NetworkManager --no-daemon
  │   └─2*[{NetworkManager}]
  ├─VGAuthService
---<이하 생략>---
```

③ -p 옵션과 함께 pstree 명령을 실행시키면, 다음과 같이 프로세스 ID를 프로세스 이름과 함께 보여준다.

```
$ pstree -p
systemd(1)┬ModemManager(779)┬─{ModemManager}(784)
│                └─{ModemManager}(786)
├NetworkManager(692)┬─{NetworkManager}(788)
│                └─{NetworkManager}(789)
├VGAuthService(665)
---<이하 생략>---
```

④ -u 옵션과 함께 특정 사용자 로그인 ID을 부여하여 pstree 명령을 실행시키면, 다음과 같이 사용자 ID(user1)에 의해 실행된 프로세스를 보여준다.

```
$ pstree -u user1
systemd┬──(sd-pam)
    ├─at-spi-bus-laun┬─dbus-daemon
    │             └─3*[{at-spi-bus-laun}]
    ├─at-spi2-registr───2*[{at-spi2-registr}]
    ├─dbus-daemon
    ├─dconf-service───2*[{dconf-service}]
---<이하 생략>---
```

[4] 프로세스 감시 : top

top(table of processes) 명령은 시스템의 상태 및 프로세스의 상세 정보를 실시간으로 감시(monitoring)할 수 있도록 지원해 주는 매우 유용한 명령이다. 옵션 없이 top 명령을 실행하면 다음과 같은 화면이 출력된다.

```
$ top
top - 03:49:05 up 19 min,  1 user,  load average: 0.96, 0.55, 0.29
Tasks: 294 total,   1 running, 293 sleeping,   0 stopped,   0 zombie
```

```
%Cpu(s):  0.3 us,  0.3 sy,  0.0 ni, 99.3 id,  0.0 wa,  0.0 hi,  0.0 si,  0.0 st
MiB Mem :  1948.1 total,   111.2 free,   889.3 used,   947.6 buff/cache
MiB Swap:   923.3 total,   922.2 free,     1.0 used.   904.9 avail Mem

PID USER  PR NI  VIRT    RES   SHR  S %CPU %MEM  TIME+ COMMAND
171 user1 20  0 3714912 233492 94660 S 1.0  11.7  0:06.07 gnome-+
150 user1 20  0  261348  57316 33704 S 0.3   2.9  0:02.41 Xorg
277 user1 20  0  962428  51504 38836 S 0.3   2.6  0:00.55 gnome-+
  1 root  20  0  167488  11312  8224 S 0.0   0.6  0:02.47 systemd
```

화면의 윗부분이 시스템에 관한 요약 정보이며, 아랫부분이 각 프로세스에 관한 상세 정보로써 주기적으로 프로세스들이 변화하는 상황을 실시간으로 보여준다. 프로세스의 상세 정보를 나타내는 각 필드의 의미는 [표 5-5]와 같다.

[표 5-5] top 상세 정보

필드	의미
PID	프로세스 ID
USER	사용자 ID
PR	우선순위
NI	NICE 값
VIRT	가상 메모리 크기
RES	실제 메모리 크기
SHR	공유 메모리 크기
%CPU	CPU 사용량(%)
%MEM	메모리 사용량(%)
S	프로세스 상태
TIME+	CPU 사용시간
COMMAND	프로세스 실행 명령

top 명령을 실행하면 종료하지 않고 실행 중에 [표 5-6]과 같은 내부 명령을 사용하여 제어할 수 있다. 예를 들어, 'q'를 입력하여 top 실행을 종료시킨다.

[표 5-6] top 내부 명령

명령	기능
h, ?	도움말을 보여준다.
k	특정 프로세스 종료시킨다.
M	메모리 사용량 순서로 정렬하여 보여준다.
n	출력하려는 프로세스 수를 지정한다.
p	CPU 사용량 순서로 정렬하여 보여준다.
u	사용자 ID 순서로 정렬하여 보여준다.
q	top 실행을 종료한다.

5.2.2 프로세스 종료

시그널(signal)은 커널이 어떤 사건(event) 발생을 프로세스에 알리는 신호이다. 현재 실행 중인 프로세스에 시그널을 보내어 강제로 종료시킬 수 있다. 프로세스에 시그널을 보내어 프로세스를 강제로 종료시키기 위한 명령에 대하여 알아본다.

[1] PID 지정 : kill

kill 명령은 PID를 지정하여 프로세스에 시그널을 보내기 위한 명령이다.

형식	kill [옵션] [PID]
기능	주어진 시그널을 PID에 보낸다.
옵션	-l(엘): 사용할 수 있는 모든 시그널을 보여준다. -9: 프로세스를 강제로 종료시킨다. -s : 지정한 시그널을 프로세스에 보낸다.

① 시그널 목록 : -l(엘) 옵션

-l 옵션과 함께 kill 명령을 실행하면 다음과 같이 시스템에서 지원하는 시그널 목록이 번호와 이름으로 출력된다.

```
$ kill -l    ← 시그널 목록 보기
 1) SIGHUP       2) SIGINT       3) SIGQUIT      4) SIGILL       5) SIGTRAP
 6) SIGABRT      7) SIGBUS       8) SIGFPE       9) SIGKILL     10) SIGUSR1
11) SIGSEGV     12) SIGUSR2     13) SIGPIPE     14) SIGALRM     15) SIGTERM
16) SIGSTKFLT   17) SIGCHLD     18) SIGCONT     19) SIGSTOP     20) SIGTSTP
21) SIGTTIN     22) SIGTTOU     23) SIGURG      24) SIGXCPU     25) SIGXFSZ
26) SIGVTALRM   27) SIGPROF     28) SIGWINCH    29) SIGIO       30) SIGPWR
---<이하 생략>---
$
```

② 특정 프로세스 종료 : -9 옵션

프로세스는 시그널에 대한 처리 동작을 설정할 수 있다. 대부분의 시그널에 대한 처리 동작은 기본 설정은 종료로 되어 있지만, 무시, 혹은 다른 처리 동작이 설정되어 있으면 종료하지 않을 것이다. 이럴 경우, -9 옵션을 사용하여 강제로 종료시킬 수 있다. 참고로 9번 시그널 이름은 SIGKILL이다.

예를 들어, 다음과 같이 &를 사용하여 sleep 100 명령을 백그라운드 작업으로 실행시킨 후, ps 명령으로 프로세스(PID: 3098)의 존재를 확인한다.

```
$ sleep 100 &    ← 백그라운드 작업으로 100초 동안 대기
[1] 3098
$ ps
  PID TTY        TIME CMD
  1906 pts/0   00:00:00 bash
  3098 pts/0   00:00:00 sleep
  3100 pts/0   00:00:00 ps
$
```

이제, kill 명령을 사용하여 프로세스(PID: 3098)에 9번 시그널(SIGKILL)을 보내어 강제 종료를 시도해 본다. 시그널을 받은 프로세스(PID: 3098)가 종료됨을 확인할 수 있다.

```
$ kill -9 3098    ← 프로세스(PID:3098) 강제 종료
$ ps
  PID TTY      TIME CMD
 1906 pts/0  00:00:00 bash
 3131 pts/0  00:00:00 ps
[1]+ Killed           sleep 100
$
```

(2) CMD 지정 : pkill

pkill 명령도 kill 명령처럼 프로세스에 시그널을 보내기 위한 명령이다. kill 명령은 PID로 시그널을 보낼 프로세스를 지정하지만, pkill 명령은 CMD로 지정한다.

형식	pkill [옵션] [CMD]
기능	주어진 시그널을 CMD가 일치한 프로세스에 보낸다.
옵션	-9: 프로세스를 강제로 종료시킨다. -x: CMD 패턴이 정확히 일치한다

pkill 명령은 지정한 CMD 패턴이 포함된 모든 프로세스를 찾아서 시그널을 보낸다. 따라서 CMD 패턴이 포함된 여러 개의 프로세스를 동시에 종료시킬 수 있지만, 예상 치 못한 프로세스까지 종료시킬 우려가 있다. 이런 경우에는 -x 옵션을 사용하여 지 정한 CMD와 정확히 일치하는 프로세스만을 종료시킬 수 있다.

예를 들어, 다음과 같이 sleep 200&과 sleep 100& 명령을 백그라운드 작업으로 실행 시킨 후, ps 명령으로 프로세스(PID: 3274, 3275)의 존재를 확인한다.

```
$ sleep 200 &      ← 백그라운드 작업으로 200초 동안 대기
[1] 3274
$ sleep 100 &      ← 백그라운드 작업으로 100초 동안 대기
[2] 3275
$ ps
  PID TTY       TIME CMD
 1906 pts/0  00:00:00  bash
 3274 pts/0  00:00:00  sleep
 3275 pts/0  00:00:00  sleep
 3276 pts/0  00:00:00  ps
$
```

이제, pkill 명령을 사용하여 프로세스(CMD: sleep)에 9번 시그널(SIGKILL)을 보내어 강제 종료를 시도해 본다. 시그널을 받은 프로세스(CMD: sleep)가 모두 종료됨을 확인할 수 있다.

```
$ pkill -9 sleep      ← 프로세스(CMD: sleep) 강제 종료
[1]-  Killed           sleep 200
[2]+  Killed           sleep 100
$
```

5.2.3 작업 제어

셸은 사용자로부터 키보드로부터 명령을 입력받아 실행하고, 그 결과를 화면으로 출력한다. 이렇게 키보드로부터 입력하는 프로세스를 "포그라운드(foreground) 작업"이라고 한다. 따라서 하나의 포그라운드 작업이 실행되는 동안에는 새로운 명령을 입력할 수 없다. 반면, 입력된 명령을 백그라운드(background) 작업으로 처리함으로써 새로운 명령을 입력할 수 있도록 할 수 있다. 이렇게 새로운 명령을 받아들이는 동안에 내부적으로 실행되고 있는 프로세스를 "백그라운드 작업"이라고 한다. 이와 같은 방법으로 여러 개의 백그라운드 작업과 하나의 포그라운드 작업을 동시에 실행시킬 수 있다.

로그인에 성공하면 셸 프로세스가 실행된다. 셸에 외부 명령을 입력하면 새로운 프로세스가 생성되어 명령에 해당하는 프로그램이 실행된다. 이때 생성된 프로세스가 포그라운드 작업이 되고, 셸은 백그라운드 작업이 된다. 따라서 포그라운드 작업이 끝날 때까지 또 다른 명령을 입력시킬 수 없다. 하지만, 셸에 입력된 명령을 백그라운드 작업으로 처리하게 함으로써 또 다른 명령을 입력받아 처리할 수 있게 된다.

한편, 커널은 모든 프로세스를 관리하지만, 셸은 자신에 의해 실행되고 있는 프로세스를 작업 단위로 제어한다. 이러한 작업 제어와 관련된 명령에는 [표 5-7]과 같은 것들이 있다.

[표 5-7] 작업 제어 명령

명령	기능
명령&	명령을 백그라운드 작업으로 실행한다.
jobs	백그라운드 작업의 목록을 보여준다.
Ctrl+z, stop	포그라운드 작업을 일시 정지한다.
Ctrl+c	포그라운드 작업을 종료한다.
bg [%번호]	[%번호] 작업을 백그라운드로 전환한다.
fg [%번호]	[%번호] 작업을 포그라운드로 전환한다.
kill %번호	[%번호] 작업에 신호를 보내 종료한다.

[1] 백그라운드 작업 : &

명령을 백그라운드 작업으로 실행하려면 명령의 마지막에 '&' 기호를 붙인다. 예를 들어, 'sleep 10' 처럼 명령을 포그라운드 작업으로 실행하면 작업이 끝날 때까지 기다려야 하므로 10초 동안 다른 명령을 실행할 수 없다. 그러나 'sleep 10&' 처럼 명령을 백그라운드 작업으로 실행시키면 셸 프로세스가 곧바로 프롬프트를 출력하여 다른 명령을 입력할 수 있게 된다.

```
$ sleep 10      ← 포그라운드 작업으로 10초 동안 대기
$ sleep 10 &    ← 백그라운드 작업으로 10초 동안 대기
[1] 3350   ← 백그라운드 작업 번호[PID]
$
```

(2) 작업 목록 보기 : jobs

jobs 명령은 백그라운드로 실행 중인 작업 목록을 확인하기 위한 명령이다.

```
$ sleep 20& sleep 10&      ← 두 개의 명령을 백그라운드 작업으로 동시실행
[1] 12976
[2] 12977
$ jobs    ← 백그라운드 작업 목록 확인
[1]-  Running    sleep 20 &
[2]+  Running    sleep 10 &
$
```

백그라운드 작업의 목록은 실행 순서대로 보여주며 각 필드의 의미는 [표 5-8]과 같다.

[표 5-8] 백그라운드 작업 상세 정보

필드	예	의미
번호	[1] 12976 [2] 12977	첫 번째 실행된 작업의 번호와 PID 두 번째 실행된 작업의 번호와 PID
순서	+	가장 최근에 접근한 작업
	−	+ 작업 직전에 접근한 작업
상태	Running	현재 실행 중
	Stopped	잠시 정지
	Done	정상 종료
	Terminate	비정상 종료
명령	sleep 10&	실행 중인 명령

[3] 작업 전환 : <Ctrl+z>, bg, fg

작업 전환은 포그라운드 작업을 백그라운드 작업으로 전환하거나, 백그라운드 작업을 포그라운드 작업으로 전환하는 것을 의미한다.

예를 들어, 다음과 같이 'sleep 100' 명령을 실행한 후,

① <Ctrl+z> 명령을 사용하여 포그라운드 작업을 강제 정지시킨다.

② bg %[번호] 명령을 사용하여 실행 중의 백그라운드 작업으로 전환한다.

③ fg %[번호] 명령을 사용하여 백그라운드 작업을 포그라운드로 전환한다.

④ <Ctrl+c> 명령을 사용하여 포그라운드 작업을 강제 종료시킨다.

```
$ sleep 100    ← 포그라운드 작업으로 100초 동안 대기
^Z             ← 강제 정지
[1]+ Stopped  sleep 100
$ bg %1        ← 백그라운드 작업으로 전환
[1]+ sleep 100 &
$ fg %1        ← 포그라운드 작업으로 전환
sleep 100
^C             ← 강제 종료
$
```

[4] 작업 기다림 : wait

wait 명령은 백그라운드 작업이 종료될 때까지 일시적으로 정지하도록 한다. 예를 들어, 다음과 같이 두 개의 명령을 묶어 하나의 백그라운드 작업으로 실행한다. 각각의 명령은 순차적으로 실행된다. 두 개의 백그라운드 작업을 실행시킨 후, 두 개의 명령을 순차적으로 실행하도록 포그라운드 작업을 실행한다. wait 명령을 실행하는 첫 번째 작업은 백그라운드 작업이 종료될 때까지 기다린다. 계속해서 echo 명령을 실행하는 두 번째 작업이 순차적으로 실행된다.

```
$ (sleep 30; echo job1) &       ← 한 개의 백그라운드 작업으로 실행
[1] 3499
$ (sleep 30; echo job2) &       ← 한 개의 백그라운드 작업으로 실행
[2] 3502
$ wait; echo job3       ← 두 개의 포그라운드 작업으로 실행
job1
[1]-  Done               ( sleep 30; echo job1 )
job2
[2]+  Done               ( sleep 30; echo job2 )
job3
$
```

[5] 작업 종료 : <Ctrl+c>, kill

포그라운드 혹은 백그라운드로 실행 중인 작업을 강제로 종료시키는 방법은 프로세스에 시그널을 보냄으로써 가능하다. <Ctrl+c>를 누르면 인터럽트에 의해 SIGINT(2) 시그널이 포그라운드로 실행 중인 작업의 프로세스에 전달된다. 이 시그널의 기본 동작은 종료이므로 포그라운드 작업이 종료된다. 마찬가지로, kill 명령을 사용하여 백그라운드로 실행 중인 작업의 프로세스에 SIGKILL(9) 시그널을 보내면 백그라운드 작업이 종료된다.

① <Ctrl+c> 입력하여 포그라운드 작업을 강제로 종료시킬 수 있다.
② kill %[작업 번호] 명령으로 백그라운드 작업을 강제로 종료시킬 수 있다.

```
$ sleep 100     ← 포그라운드 작업으로 100초 동안 대기
^C      ← 강제 종료
$ sleep 100 &
[1] 13112
$ kill %1  ← 강제 종료
$ jobs      ← 백그라운드 작업 확인
[1]+ Terminated  sleep 100
$
```

5.2.4 작업 예약

[1] 한번 실행 : at

at 명령으로 정해진 시간에 한 번 실행할 작업을 예약할 수 있다. 예약된 작업은 대기 큐에 등록되어 대기한다. 예약된 작업이 정해진 시간에 수행하면 대기 큐에서 자동으로 제거된다. 참고로 대기 큐를 확인하고, 대기 큐에 등록된 작업을 제거할 수도 있다.

형식	at [옵션] 시간
기능	예약한 작업을 지정한 시간에 실행한다.
옵션	-l : 대기 큐에 등록된 작업 목록 보기(atq) -r : 대기 큐에 등록된 작업 목록에서 제거(atrm)

① at 명령이 설치되어 있지 않으면, 다음과 같이 'apt -y install at' 명령으로 at 패키지를 설치한다. apt 명령 사용법에 대해서는 10.3.2절에서 소개한다.

```
$ sudo apt -y install at      ← at 패키지 설치
[sudo] password for user1:
Reading package lists... Done
---<이하 생략>---
$
```

② at 명령으로 한 번 실행할 작업을 예약한다. 시간을 지정하는 방법에는 절대 시간 혹은 현재시간 기준으로 할 수 있다. 절대 시간은 hh:mm yyyy-mm-dd, 현재시간은 now+값[minutes, hours, days] 형식으로 지정한다.

예를 들어, 현재로부터 30분 뒤에 한 번 실행할 작업을 예약하여 보자. 예약 시간과 함께 at 명령을 실행한 후, at> 프롬프트에서 실행할 작업(ls -l > at.out)을 입력하고 <Ctrl+d>로 마친다.

```
$ at now+30 minutes    ← 예약 작업 등록
at> ls -l > at.out    ← 예약 작업
at> <EOT>        ← <Ctrl+d>
job 1 at Sun Feb  6 16:45:00 2022
$
```

③ -l 옵션 혹은 atq 명령으로 대기 큐에 등록된 작업을 확인할 수 있다. 대기 큐
에 user1이 예약된 작업 번호(1)의 예약 날짜 및 시간을 알 수 있다. 예약 시간에
작업이 실행되면 대기 큐에서 삭제된다.

```
$ at -l    ← 예약 작업 목록
1    Sun Feb  6 16:45:00 2022 a user1
$ atq   ← 예약 작업 확인
1    Sun Feb  6 16:45:00 2022 a user1
$
```

④ -r 옵션 혹은 atrm 명령으로 대기 큐에 등록된 작업을 제거할 수 있다.

```
$ at -r 1 ← 예약 작업(1) 제거
$ atq   ← 예약 작업 확인
$
```

[2] 반복 실행 : crontab

crontab 명령으로 정해진 시간에 주기적으로 반복 실행할 작업을 예약할 수 있다.
crontab 명령으로 반복 실행할 작업을 crontab 파일에 등록한다.

형식	crontab [옵션] 파일
기능	예약한 작업을 지정한 시간에 반복 수행한다.
옵션	-e : crontab 파일 편집 -l : 파일에 등록된 작업 목록 보기 -r : 파일에 등록된 작업 목록에서 제거

① -e 옵션과 함께 crontab 파일을 편집한다. 편집기가 지정되어 있지 않으면, 다음과 같이 편집기 선택 메뉴가 나타난다. 예를 들어, [2]vim.basic을 선택하여 주기적으로 실행할 작업을 등록한다.

```
$ crontab -e
Select an editor.  To change later, run 'select-editor'.
 1. /bin/nano      ←- easiest
 2. /usr/bin/vim.basic
 3. /usr/bin/vim.tiny
 4. /bin/ed
Choose 1-4 [1]: 2
```

② crontab 파일에는 여러 개의 작업을 예약할 수 있으며 한 줄에 하나의 작업을 지정한다. 예약 시간은 m(분:0~59) h(시:0~23) dom(일:1~31) mon(월:1~12) dow(요일:0~6) 순서로 지정한다. 각 필드는 공백으로 구분하며 요일은 일요일(0)부터 시작한다. 필드의 값 무시할 경우, 별표(*)로 표시한다. 예를 들어, 매주 월요일 9시 30분에 주기적으로 실행할 작업("ls -l > cron.out")을 예약하여 보자.

```
# Edit this file to introduce tasks to be run by cron.
---(중간 생략)---
# m h  dom mon dow   command
30 9 * * 1 ls > cron.out ← 예약 작업 등록
~
:wq
```

③ -l 옵션과 함께 crontab 파일에 등록된 작업을 확인할 수 있다. crontab 파일에 예약된 작업의 예약 날짜 및 시간을 알 수 있다. 예약 시간에 작업이 주기적으로 반복 수행될 것이다.

```
$ crontab -l
# m h dom mon dow command
30 9 * * 1 ls > cron.out
$
```

④ **-r** 옵션과 함께 crontal 파일에 등록된 작업을 제거할 수 있다.

```
$ crontab -r     ← 예약 작업 제거
$ crontab -l     ← 예약 작업 확인
no crontab for user1
$
```

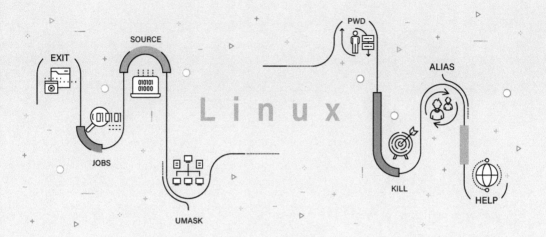

6

파일 접근

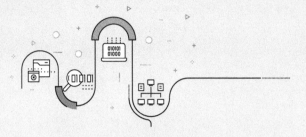

리눅스는 기본적으로 다중 사용자(multi-user)를 지원하는 시스템이기 때문에 사용자의 파일을 보호하기 위한 접근 제어(access control) 기능이 요구된다. 이 장에서는 리눅스에서 제공하는 파일 접근 제어를 위한 파일 및 프로세스의 속성과 프로세스의 파일 접근 권한 관리를 위한 기본 명령에 대하여 알아본다.

6.1 개요

파일 접근은 프로세스가 파일을 사용하기 위하여 읽고(read), 쓰고(write), 실행(execution)하는 것을 말한다. 일반적으로 파일 접근하는 주체가 사용자처럼 생각된다. 리눅스 커널은 모든 자원을 파일로 취급하며 파일은 프로세스에 의해 사용된다. 프로세스가 실행되는 과정에서 자원이 필요할 때, 그 자원에 해당하는 파일 접근을 시도한다. 그러므로 파일 접근과 관련된 명령을 잘 사용하기 위해서는 리눅스에서 가장 중요한 개념인 파일과 프로세스의 속성에 대한 이해가 필요하다.

6.1.1 파일 접근 권한

접근 권한의 종류는 3가지(읽기, 쓰기, 실행)이다. 읽기 권한은 파일의 내용을 볼 수 있고, 쓰기 권한은 해당 파일의 내용을 쓸 수 있을 뿐만 아니라 읽기, 수정 및 삭제할 수 있다. 마지막으로, 실행 권한은 파일을 실행할 수 있음을 의미한다.

[표 6-1] 파일 및 디렉터리의 접근 권한

접근 권한	파일	디렉터리
읽기(r)	내용 읽기, 내용 복사	디렉터리 목록 보기(ls)
쓰기(w)	내용수정, 내용삭제	파일 생성(touch), 파일 삭제(rm)
실행(x)	실행 파일 실행	파일 복사(cp), 파일 이동(mv)

파일 접근 권한은 일반 파일과 디렉터리에 따라 [표 6-1]과 같은 약간의 차이가 있음을 유의하자. 접근 권한의 종류를 세 가지(읽기, 쓰기, 실행)로 구분하고, 읽기 권한은 'r', 쓰기 권한은 'w', 실행 권한은 'x'로 표기하며, 해당 권한이 없는 경우에는 '–'로 표기한다. 또한 사용자를 세 부류(소유자, 그룹, 기타)로 구분한다. 각 사용자에 대한 접근 권한을 읽기(r), 쓰기(w), 실행(x) 순서로 표기하고 해당 권한이 없으면 '–'로 표기한다. 결국, 파일의 접근 모드는 모두 9개의 문자로 표기되며 [표 6-2]와 같이 다양한 형태의 접근 권한이 가능하다.

[표 6–2] 접근 권한 예

문자	의미
rwx rwx rwx	소유자,그룹,기타 모두 읽기/쓰기/실행 가능
rw- rw- rw-	소유자,그룹,기타 모두 읽기/쓰기 가능
rw- r-- r--	소유자만 읽기/쓰기 그룹과 기타는 읽기만 가능
r-- --- ---	소유자만 읽기 가능

6.1.2 파일 속성

파일은 데이터와 속성(attribute)이라는 두 요소로 구성된다. 파일의 속성은 커널 자료구조인 I-노드 구조체에 저장되어 있으며, ls -l 명령으로 특정 파일의 속성 정보를 확인할 수 있다. 예를 들어, ls -l 명령으로 확인한 /etc/passwd 파일의 상세 정보는 다음과 같으며 그 의미는 [표 6-3]과 같다. 참고로 파일명은 I-노드 구조체에 저장되어 있지 않다.

```
$ ls -l /etc/passwd
-rw-r--r-- 1 root root 2741 Dec 26 04:19 /etc/passwd
$
```

[표 6-3] /etc/passwd 상세 정보

속성	표시	의미
파일 타입	–	일반 파일
접근 모드	rw-r--r--	소유자(rw-) 그룹(r--) 기타(r--)
링크 수	1	하드 링크 수
소유자	root	파일을 만든 사용자 ID
그룹	root	파일 소유자가 속한 그룹
파일 크기	2741	바이트 단위의 파일 크기
수정 시간	Dec 26 04:19	최종 수정 날짜 및 시간

[표 6-3]의 파일 상세 정보 중에서 파일 접근 제어와 관련된 속성은 다음 세 가지이다.

- 접근 모드 : rw-r--r--
- 파일 소유자: root
- 파일 그룹: root

파일의 접근 모드는 읽기(r), 쓰기(w), 실행(x)으로 표기한다. 또한 파일의 사용자를 파일 소유자(u), 파일 소유자가 속한 그룹(g), 그리고 기타(o)로 구분한다. 예를 들어, /etc/passwd 파일의 접근 모드가 rw-r--r--로 표기되어 있다. 이것은 파일의 소유자 (root)에 해당하는 사용자는 읽기(r), 쓰기(w) 권한이 있고, 그룹(root)에 속한 사용자와 기타 사용자는 읽기(r) 권한만 있음을 의미한다.

6.1.3 프로세스 속성

파일 접근을 시도하는 프로세스의 속성은 5.2.1절에서 소개한 ps -f 명령으로 확인할 수 있다. 예를 들어, ps -f 명령으로 확인한 현재 터미널에 존재하는 프로세스들의 상세 정보는 다음과 같으며 그 의미는 [표 6-4]와 같다.

```
$ ps -f     ← 현재 터미널의 프로세스 목록
UID    PID  PPID C STIME TTY   TIME CMD
user1  2663  2652 0 21:48 pts/0  00:00:00 bash
user1  3092  2663 0 22:48 pts/0  00:00:00 ps -f
$
```

[표 6-4] ps -f 상세 정보

속성	표시	의미
UID	user1	사용자 ID
PID	2663	프로세스 ID
PPID	2652	부모 프로세스 ID
C	0	CPU 사용시간(%)
STIME	21:48	프로세스 시작시간
TTY	pts/0	터미널 번호
TIME	00:00:00	프로세스 실행시간
CMD	bash	프로세스 실행 명령(프로그램명)

[표 6-4]의 프로세스 상세 정보 중에서 파일 접근 권한과 관련된 속성은 오직 UID이다. 파일 상세 정보의 파일 소유자(u)가 바로 그 파일을 생성한 프로세스의 사용자 ID(UID)인 것이다.

• UID : user1

현재 셸(bash) 프로세스의 UID가 user1이다. 즉, user1으로 로그인하여 실행하고 있는 셸 프로세스임을 의미한다. 그러므로 프로세스가 곧 사용자처럼 생각되는 것이다. 현재 셸에서 접근 모드가 rw-r--r--인 etc/passwd 파일 접근을 시도할 경우, 프로세스의 UID가 파일의 소유자도 아니고 그룹도 아닌 기타에 해당하기 때문에, 오직 읽기(r) 권한만 허용될 것이다.

6.2 파일 접근 관리

6.2.1 기본 접근 모드

파일 혹은 디렉터리가 생성될 때 기본적으로 설정되는 접근 모드가 있다. 예를 들어, 다음과 같은 명령으로 일반 파일(hello)과 디렉터리(dir)를 생성하고, 각각의 접근 모드를 확인해 보자.

```
$ touch hello    ← 일반 파일(hello) 생성
$ ls -l hello    ← hello 파일 속성 보기
-rw-rw-r-- 1 user1 user1 19 Jan 11 22:08 hello
$ mkdir dir      ← 디렉터리(dir) 생성
$ ls -ld dir     ← dir 디렉터리 속성 보기
drwxrwxr-x 2 user1 user1 4096 Jan 11 22:06 dir
$
```

일반 파일은 664(rw-rw-r--), 디렉터리는 775(rwx rwx r-x)로 기본 접근 모드가 설정됨을 확인할 수 있다. 파일 혹은 디렉터리가 생성될 때 설정되는 기본 접근 모드는 마스크값에 의해 결정된다.

umask 명령을 사용하여 현재 설정된 마스크값을 확인하거나 변경할 수 있다.

형식	umask [옵션] [마스크값]
기능	기본 마스크값을 확인 혹은 변경한다.
옵션	-S : 기본 접근 권한을 문자로 출력한다.

[1] 마스크값 확인

예를 들어, 다음과 같은 명령으로 현재 마스크값과 기본 접근 모드를 확인하여 보자.

```
$ umask          ← 현재 마스크값 확인
0002
$ umask -S       ← 현재 기본 접근 모드 확인
u=rwx,g=rwx,o=rx
$
```

우분투에서 일반 사용자의 기본 마스크값은 0002이고, 관리자(root)의 기본 마스크 값은 0022이다. 여기에서 마스크값이 특수접근 권한을 포함하여 4자리(8진수)로 표기되고 있음을 유의하자. 맨 앞자리는 특수접근 권한을 위한 것으로 특수 접근 권한에 대해서는 6.3절에서 설명할 것이다. 우선, 특수접근 권한은 무시하고, 기본 접근 권한에 해당하는 3자리(8진수)를 마스크값(002)으로 적용하여 설명하도록 한다.

마스크값의 의미는 해당 접근의 권한을 "마스크(mask) 한다"라는 것이다. 즉, 해당 접근 권한을 "부여하지 않겠다"라는 의미이다. 따라서 마스크값이 002(--- --- -w-)일 경우, 기타 사용자에게는 쓰기(w) 권한을 부여하지 않는다. -S와 함께 umask 명령을 실행해 보면, u=rwx, g=rwx, o=rx 로써 기본적으로 기타 사용자에 쓰기(w) 권한이 부여되지 않음을 확인할 수 있다.

마스크값은 파일이 생성될 때 적용되며 일반 파일과 디렉터리에 따라 기본 접근 권한이 다르게 설정된다. 그 이유는 일반 파일과 디렉터리 파일의 최대 접근 권한이 다르기 때문이다. 일반 파일은 기본적으로 실행 파일이 아니므로 최대 접근 권한이 666(rw- rw- rw-)이다. 반면, 실행 파일과 디렉터리의 최대 접근 권한이 777(rwx rwx rwx)이다. 따라서 마스크값이 002(--- --- -w-)일 경우, 일반 파일의 기본 접근 권한은 664(rw- rw- r--)가 되고, 디렉터리 혹은 실행 파일의 기본 접근 권한은 775(rwx rwx r-x)가 되는 것이다.

예를 들어, 다음과 같이 일반 파일(hello)과 디렉터리(dir)를 생성하여 각각의 기본 접근 모드를 확인해 보자. 현재 마스크값이 002(--- --- -w-)이므로 일반 파일의 기본 접근 모드는 664(rw- rw- r--), 디렉터리의 기본 접근 모드는 775(rwxrwxr-x)로 설정됨을 확인할 수 있다.

```
$ touch hello    ← 일반 파일(hello) 생성
$ ls -l hello    ← hello 파일 속성 보기
-rw-rw-r-- 1 user1 user1 0 Jan 11 23:44 hello
$ mkdir dir      ← 디렉터리(dir) 생성
$ ls -ld dir     ← dir 디렉터리 속성 보기
drwxrwxr-x 2 user1 user1 4096 Jan 11 23:44 dir
$
```

(2) 마스크값 변경

umask 명령을 사용하여 마스크값을 변경할 수 있다. 예를 들어, 다음과 같이 umask 명령을 사용하여 마스크값을 022로 변경한 후, 일반 파일과 디렉터리가 생성될 때 설정되는 기본 접근 모드를 확인해 보자. 마스크값이 022(--- -w- -w-)로 변경되었기 때문에 일반 파일의 기본 접근 모드는 644("rw-r--r--"), 디렉터리의 기본 접근 모드는 755(rwx r-x r-x)로 설정됨을 확인할 수 있다.

```
$ umask 022      ← 마스크값(022) 설정
$ touch hello    ← 일반 파일(hello) 생성
$ ls -l hello    ← hello 파일 속성 보기
-rw-r--r-- 1 user1 user1 0 Jan 11 23:44 hello
$ mkdir dir      ← 디렉터리(dir) 생성
$ ls -ld dir     ← dir 디렉터리 속성 보기
drwxr-xr-x 2 user1 user1 4096 Jan 11 23:44 dir
$
```

6.2.2 접근 권한 변경

chmod 명령을 사용하여 파일의 기본 접근 권한을 변경할 수 있다. 참고로 chmod 명령에 'e'가 없음을 유의하자. 접근 권한 변경은 그 파일의 소유자 또는 슈퍼 유저만 가능하다.

형식	chmod [옵션] 인자1 인자2
기능	파일 혹은 디렉터리(인자2) 접근 권한을 인자1로 변경한다.
옵션	-R : 인자2가 디렉터리일 경우, 하위 디렉터리에 존재하는 모든 파일의 접근 권한이 인자1로 변경된다.

[1] 문자(기호) 표시

문자(기호)를 사용하여 접근 권한을 변경할 경우, 인자1은 세 개의 기호(사용자, 연산자, 접근 권한)로 기술되며 [표 6-5]와 같은 기호를 사용할 수 있다.

[표 6-5] 문자(기호) 의미

구 분	기호 및 의미
사용자	u(소유자), g(그룹), o(기타), a(전체)
연산자	+(추가), -(삭제), =(설정)
접근 권한	r (읽기), w(쓰기), x(실행)

이러한 기호들을 사용하여 [표 6-5]와 같은 다양한 형태로 변경하고자 하는 접근 권한을 지정할 수 있다.

[표 6-6] 문자(기호) 표시 예

기호	의 미
u+w	소유자(u)에 쓰기(w) 권한을 추가(+)
g-wx	그룹(g)의 쓰기(w), 실행(x) 권한을 삭제(-)
a+w	모든 사용자에게 쓰기(w) 권한을 추가(+)
u-x,go+w	소유자(u)에 실행(x) 권한을 삭제(-)하고, 그룹(o)과 기타(o)에 쓰기(w) 권한을 추가(+)

예를 들어, 다음과 같은 명령으로 파일(hello)의 접근 모드를 확인한 후, 그룹의 쓰기 (w) 권한은 제거하고, 기타 사용자의 쓰기(w) 권한은 부여할 수 있다.

```
$ ls -l hello        ← hello 파일의 접근모드 보기
-rw-rw-r-- 1 user1 user1 19 Dec 28 18:30 hello
$ chmod g-w,o+w hello        ← hello 파일의 접근모드 변경
$ ls -l hello        ← hello 파일의 접근모드 확인
-rw-r--rw- 1 user1 user1 19 Dec 28 18:30 hello
$
```

(2) 숫자(8진수) 표시

접근 권한 여부를 숫자(8진수)로 표시할 경우, 읽기, 쓰기, 실행을 다음과 같이 3개의 비트(0, 1)로 표시할 수 있다.

[표 6-7] 숫자(8진수) 의미

8진수(2진수)	문자 (의미)
7(111)	rwx (읽기,쓰기,실행)
6(110)	rw- (읽기,쓰기)
5(101)	r-x (읽기,실행)
4(100)	r-- (읽기)
3(011)	-wx (쓰기,실행)
2(010)	-w- (쓰기)
1(001)	--x (실행)

이러한 숫자(8진수)를 사용하여 다음과 같이 다양한 형태로 접근하고자 하는 권한을 지정할 수 있다.

[표 6-8] 숫자(8진수) 표시 예

숫자	문자	의미
777	rwxrwxrwx	모든 사용자 읽기(r),쓰기(w),실행(x)
755	rwxr-xr-x	소유자 읽기(r),쓰기(w),실행(x), 그룹과 기타 읽기(r),실행(x)
666	rw-rw-rw-	모든 사용자 읽기(r),쓰기(w)
644	rw-r--r--	소유자 읽기(r),쓰기(w), 그룹과 기타 읽기(r)

예를 들어, 다음과 같은 명령으로 파일(hello)의 접근 모드를 확인한 후, 소유자에게 는 읽기(r), 쓰기(w)를 부여하고, 그룹과 기타 사용자에게는 읽기(r) 권한만을 부여할 수 있다.

```
$ ls -l hello        ← hello 파일의 접근모드 보기
-rw-rw-r-- 1 user1 user1 19 Dec 28 18:30 hello
$ chmod 644 hello       ← hello 파일의 접근모드 변경
$ ls -l hello        ← hello 파일의 접근모드 확인
-rw-r--r-- 1 user1 user1 19 Dec 28 18:30 hello
$
```

6.2.3 파일 소유자 변경

파일의 소유자는 기본적으로 파일이 생성될 때 그 파일을 생성한 프로세스의 UID로 설정된다. 그러나 chown 명령을 사용하여 파일 소유자를 변경할 수 있다. chown 명 령은 반드시 관리자(root) 권한으로 실행하여야 한다.

형식	chown [옵션] 소유자명 파일명
기능	파일명의 소유자를 소유자명으로 변경한다.
옵션	-R : 파일명이 디렉터리일 경우, 하위 디렉터리에 존재하는 모든 파일의 소유자를 소유자명으로 변경된다.

예를 들어, 다음과 같은 명령으로 파일(hello)의 소유자를 확인한 후, 파일의 소유자 user1에서 computer로 변경할 수 있다. sudo 명령을 이용하여 관리자(root) 권한으로 chown 명령을 실행한다.

```
$ ls -l hello      ← hello 파일의 소유자 보기
-rw-r--r-- 1 user1 user1 19 Jan 11 22:08 hello
$ sudo chown computer hello      ← hello 파일의 소유자 변경
[sudo] password for user1:
$ ls -l hello      ← hello 파일의 소유자 확인
-rw-r--r-- 1 computer user1 19 Jan 11 22:08 hello
$
```

6.2.4 파일 그룹 변경

파일 그룹은 기본적으로 파일이 생성될 때 파일을 생성한 프로세스의 UID가 속한 그룹 ID로 설정된다. 그러나 chgrp 명령을 사용하여 파일 그룹을 변경할 수 있다. chgrp 명령은 반드시 관리자(root) 권한으로 실행하여야 한다.

형식	chgrp [옵션] 그룹명 파일명
기능	파일명의 그룹을 그룹명으로 변경한다.
옵션	-R : 파일명이 디렉터리일 경우, 하위 디렉터리에 존재하는 모든 파일의 그룹을 그룹명으로 변경된다.

예를 들어, 다음과 같은 명령으로 파일(hello)의 그룹을 확인한 후, 파일의 그룹을 user1에서 computer로 변경할 수 있다. sudo 명령을 이용하여 관리자(root) 권한으로 chgrp 명령을 실행한다.

```
$ ls -l hello      ← hello 파일의 그룹 보기
-rw-r--r-- 1 user1 user1 19 Jan 11 22:08 hello
$
```

```
$ sudo chgrp computer hello     ← hello 파일의 그룹 변경
[sudo] password for user1:
$ ls -l hello      ← hello 파일의 그룹 확인
-rw-r--r-- 1 user1 computer 19 Jan 11 22:08 hello
$
```

6.3 특수접근 권한

지금까지 살펴본 것처럼 파일 접근 권한은 파일의 속성 정보(접근 모드, 소유자, 그룹)와 그 파일 접근을 시도하는 프로세스의 속성 정보(UID)에 의존한다. 파일의 기본 접근 권한은 파일이 생성될 때 설정되지만, 필요에 따라 파일의 속성 정보 및 마스크값을 변경할 수 있다. 따라서 파일의 속성 정보를 변경함으로써 접근 권한을 제어할 수 있음을 확인하였다. 이제, 프로세스의 속성 정보(UID)가 변경됨으로써 파일의 접근 권한이 변경되는 특수접근 권한에 대하여 알아보자.

사실, 프로세스의 UID에는 RUID(Real UID)와 EUID(Effective UID)가 있다. RUID는 프로세스를 실행시킨 사용자의 로그인 ID이고, EUID는 파일 접근 권한을 판단할 때 사용한다. RUID는 로그인 ID로서 고정적이지만, EUID는 가변적이다. EUID의 초깃값은 RUID와 같지만 특별한 상황에서 변경될 수 있다. 결국, 프로세스의 EUID가 변경되면 파일의 접근 권한도 변경될 것이다. 이러한 접근 제어를 지원하는 특별접근 권한에 대하여 알아본다.

umask 명령으로 현재 마스크값을 확인하여 보면, 다음과 같이 4자리(8진수)로 출력된다.

```
$ umask   ← 현재 마스크값 보기
0002
$
```

출력된 4자리(8진수) 중에서 맨 앞자리의 8진수(3비트)가 특수 용도로 사용되는 마스크값이다. 그동안 항상 0으로 가정하여 무시하였다. 마스크값의 맨 앞자리 8진수 (3비트)는 각각의 비트마다 다음과 같은 특별한 이름을 가지고 있다. 이 특별한 비트들은 실행(x) 권한이 설정된 파일에만 적용할 수 있다.

- SetUID 비트 : 4(100)
- SetGID 비트 : 2(010)
- Sticky 비트 : 1(001)

6.3.1 SetUID 비트

SetUID 비트가 설정된 실행 파일을 실행시킬 경우, 이 파일을 실행한 프로세스의 EUID가 실행 파일의 소유자 ID로 바뀐다. 예를 들어, 다음과 같은 명령으로 실행 파일(set_uid)를 생성하고, SetUID 비트를 설정할 수 있다.

```
$ touch set_uid      ← 일반 파일(set_uid) 생성
$ chmod 755 set_uid      ← 실행(x) 권한 부여
$ ls -l set_uid      ← 일반 파일(set_uid)의 소유자 실행 권한 보기
-rwxr-xr-x 1 user1 user1 0 Jan 12 23:43 set_uid
$ chmod 4755 set_uid      ← Set-UID 설정
$ ls -l set_uid      ← 일반 파일(set_uid)의 소유자 실행 권한 보기
-rwsr-xr-x 1 user1 user1 0 Jan 12 23:43 set_uid
$
```

SetUID 비트가 설정되면 파일 소유자의 실행 권한이 'x'에서 's'로 변경됨을 확인할 수 있다. 만약 실행(x) 권한이 설정되지 않은 파일의 SetUID 비트를 설정할 경우, 's' 대신에 'S'로 표시되어 오류임을 나타낸다.

SetUID 비트가 설정된 대표적인 예가 사용자 암호를 변경할 때 사용하는 passwd 명령이다. 사용자의 정보와 암호는 /etc/passwd와 /etc/shadow 파일에 저장된다. 따라

서, 변경된 암호를 저장하기 위해서는 이 파일에 대한 쓰기(w) 권한이 있어야 한다.
그런데 이 파일의 접근 권한은 다음과 같이 설정되어 있다.

```
$ ls -l /etc/passwd /etc/shadow    ← 일반 파일(passwd, shadow)의 접근 권한 확인
-rw-r--r-- 1 root root   2785 Jan 12 04:20 /etc/passwd
-rw-r----- 1 root shadow 1600 Jan 12 04:20 /etc/shadow
$
```

파일 소유자만이 쓰기(w) 권한이 있으며, 파일의 소유자는 root이다. 즉, root 관리자
만이 수정할 수 있게 설정되어 있다. 한편, 암호를 변경할 때 사용하는 passwd 명령
에 해당하는 실행 파일(/bin/passwd)의 접근 권한을 다음과 같이 설정되어 있다.

```
$ ls -l /bin/passwd     ← 실행 파일(/etc/passwd)의 소유자 실행 권한 확인
-rwsr-xr-x 1 root root 68208 May 27  2020 /bin/passwd
$
```

실행 파일(/bin/passwd)의 소유자 실행 권한이 's'로 표기되어 있다. 즉, SetUID 비트
가 설정되어 있다. 그러므로 passwd 명령을 실행하는 동안에는 셸 프로세스의 EUID
가 root로 변경되어 /etc/passwd와 /etc/shadow 파일을 수정할 수 있게 되는 것이다.
마찬가지로, su, sudo 명령에 해당하는 실행 파일(/bin/su, /bin/sudo)의 SetUID 비트
가 설정되어 있음을 확인할 수 있을 것이다.

6.3.2 SetGID 비트

SetGID 비트는 SetUID 비트와 유사하게 적용된다. SetGID 비트가 설정된 실행 파
일을 실행시킬 경우, 이 파일을 실행한 프로세스의 EGID가 실행 파일의 그룹 ID로
바뀐다. 예를 들어, 다음과 같은 명령으로 실행 파일(set_gid)를 생성하고, SetGID 비
트를 설정할 수 있다.

```
$ touch set_gid      ← 일반 파일(set_gid) 생성
$ chmod 755 set_gid   ← 실행(x) 권한 부여
$ ls -l set_gid      ← 일반 파일(set_gid)의 그룹 실행 권한 보기
-rwxr-xr-x 1 user1 user1 0 Jan 13 18:52 set_gid
$ chmod 2755 set_gid   ← Set-GID 설정
$ ls -l set_gid       ← 일반 파일(set_gid)의 그룹 실행 권한 확인
-rwxr-sr-x 1 user1 user1 0 Jan 13 18:52 set_gid
$
```

SetGID 비트가 설정되면 파일 그룹의 실행 권한이 'x'에서 's'로 변경됨을 확인할 수 있다. 만약 실행(x) 권한이 설정되지 않은 파일의 SetUID 비트를 설정할 경우, 's' 대신에 'S'로 표시되어 오류임을 나타낸다.

6.3.3 Sticky 비트

Sticky 비트는 SetUID, SetGID 비트와 다르게 파일이 아닌, 디렉터리에 적용할 수 있다. 디렉터리에 Sticy 비트를 설정할 경우, 모든 사용자가 이 디렉터리에 파일을 생성할 수 있다. 예를 들어, 다음과 같은 명령으로 디렉터리(dir)를 생성하고, Sticky 비트를 설정할 수 있다.

```
$ mkdir dir      ← 디렉터리(dir) 생성
$ ls -ld dir     ← 디렉터리(dir)의 기타 사용자 실행 권한 보기
drwxrwxr-x 2 user1 user1 4096 Jan 13 19:33 dir
$ chmod 1755 dir     ← Set-GID 설정
$ ls -ld dir     ← 디렉터리(dir)의 기타 사용자 실행 권한 확인
drwxr-xr-t 2 user1 user1 4096 Jan 13 19:33 dir
$
```

Sticky 비트가 설정되면 디렉터리의 기타 사용자의 실행 권한이 'x'에서 't'로 변경됨을 확인할 수 있다. 만약 실행(x) 권한이 설정되지 않은 파일의 SetUID 비트를 설정할 경우, 't' 대신에 'T'로 표시되어 오류임을 나타낸다. 기타 사용자가 이 디렉터리

에 자신의 파일을 생성하고 삭제할 수 있지만, 다른 사용자가 생성한 파일은 삭제할
수 없다.

Sticky 비트가 설정된 대표적인 예가 임시 파일을 저장하기 위해 시스템에서 제공하
는 /tmp 디렉터리이다. 다음과 같이 /tmp 디렉터리의 기타 사용자의 실행 권한이 't'
로 표기됨을 확인할 수 있을 것이다.

```
$ ls -ld   /tmp    ← 디렉터리(/tmp)의 기타 사용자 실행 권한 확인
drwxrwxrwt 21 root root 4096 Jan 13 18:42 /tmp
$
```

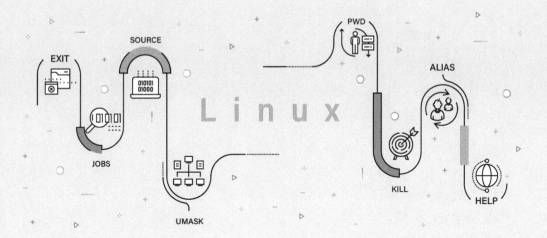

CHAPTER

7

응용 프로그래밍

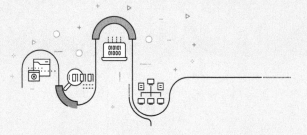

리눅스 응용 프로그래밍은 리눅스 시스템에서 실행시킬 수 있는 프로그램을 작성하는 것을 말한다. 이러한 응용 프로그램을 작성하는 과정은 일반적으로 다음과 같은 단계로 이루어진다.

① 편집기를 사용하여 프로그램을 작성한다.
② 컴파일러를 사용하여 실행 파일을 생성한다.
③ 셸에서 실행 파일을 실행시켜본다.

이장에서는 C 프로그램을 작성하여 실행 파일을 생성하고 실행시키는 과정을 중심으로 알아본다.

7.1 프로그램 작성

리눅스에서 프로그램을 작성하기 위하여 여러 종류의 편집기(vi, nano, geditor, 등)를 사용할 수 있다. 편집기를 이용하여 새로운 파일을 생성하거나 기존 파일의 내용을 수정할 수 있다. 여기에서는 표준 편집기로 사용되고 있는 vi(visual editor) 편집기의 기본적인 사용법을 소개한다.

7.1.1 vi 사용법

형식	vi [파일명]
기능	지정한 파일을 편집한다.

vi 편집기는 다음과 같은 두 가지의 실행 모드를 가지고 있으며, vi 명령을 실행하면 [그림 7-1]과 같이 명령 모드에서 시작한다.

① 명령 모드 : 편집에 필요한 명령을 처리한다.
② 입력 모드 : 문자(열)를 입력한다.

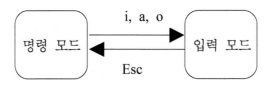

[그림 7-1] vi 실행 모드

파일명 없이 vi 명령을 실행하면 다음과 같은 vi의 초기 화면이 열린다. "VIM은 향상된 Vi"이라는 내용의 메시지를 확인하고, ":q"를 입력하여 초기 화면을 종료한다. 반드시 콜론(:)으로 시작해야 함을 유의하자.

```
$ vi
```

```
~           VIM - Vi IMproved
~
~              version 8.1.3741
~           by Bram Moolenaar et al.
~      Modified by team+vim@tracker.debian.org
~    Vim is open source and freely distributable
~           Sponsor Vim development!
~   type  :help sponsor<Enter>   for information
~   type  :q<Enter>              to exit
~   type  :help<Enter> or  <F1>  for on-line help
~   type  :help versions<Enter>  for version info
```

① vim 실행 시 다음과 같은 오류 메시지가 출력될 경우, apt 명령으로 vim 패키지를 설치해야 한다. 설치된 vim은 심볼릭 링크되어 vi 명령으로 실행된다. apt 명령 사용법에 대해서는 10.3.2 설명할 것이다.

```
$ vim
Command 'vim' not found, but can be installed with:
$ sudo apt -y install vim   ← vim 패키지 설치
```

② 파일명(hello.c)과 함께 **vi** 명령을 실행하면 [그림 7-2]와 같은 빈 화면이 열린다. 명령 모드이며, 화면 마지막 행에 **"hello.c"**라는 파일명이 출력된다.

```
$ vi hello.c   ← 프로그램(hello.c) 편집


~
~
---<중간 생략>---
~
"hello.c" [New File]
```

[그림 7-2] vi hello.c 초기 화면(명령 모드)

7.1.2 입력 모드

프로그램을 작성을 위한 입력 작업은 입력 모드에서 해야 한다. 명령 모드에서 입력 모드로 변환하기 위한 명령은 [표 7-1]과 같다.

[표 7-1] 입력 모드 변환

명령	의미
i	커서 위치의 앞에서 입력(insert)
I	현재 행의 맨 앞에서 입력
a	커서 위치의 다음부터 입력(append)
A	현재 행의 끝에서 입력
o	현재 행의 아래에 빈 줄을 넣고 입력(open)
O	현재 행의 위에 빈 줄을 넣고 입력
r	커서 위치의 문자 대체(replace)
R	커서 위치부터 문자 대체
s	커서 위치의 문자를 지우고 대체(substitute))
S	커서 위치부터 행 끝까지 지우고 대체

예를 들어, [그림 7-2]와 같은 초기 화면에서 <i> 키를 누르면 다음과 같은 입력 모드 화면으로 변환된다. 마지막 행에 "-- INSERT --"가 표시된다.

```
~
---<중간 생략>---
~
-- INSERT --
```

이제, 입력 모드에서 [그림 7-3]과 같은 hello.c 프로그램을 작성해 보자.

```
#include <stdio.h>
int main() {
    printf("Hello world!!!\n");
}
~
-- INSERT --
```

[그림 7-3] vi hello.c 입력 모드

7.1.3 명령 모드

프로그램을 작성하는 과정에서 내용을 수정하기 위한 편집 작업은 명령 모드에서 해야 한다. [그림7-1]과 같이 입력 모드에서 <Esc>를 누르면 명령 모드로 변환된다. 편집 작업이 완료되면 명령 모드에서 저장하고 종료한다. 명령 모드에서 사용하는 명령은 다음과 같은 두 가지 종류로 분류할 수 있다.

① 문자 명령 : 하나의 문자로 된 명령(예: i, a, o 등)
② 문자열 명령 : 문자열로 구성된 명령(예: :wq, :set nu 등)

명령 모드에는 다양한 종류의 명령이 있지만, 프로그램을 작성할 때 자주 사용되는 명령을 정리하여 간단히 소개한다.

(1) 커서 이동

[표 7-2] 커서 이동

명령	의미
h	왼쪽으로(←)
j	아래 행으로(↓)
k	위 행으로(↑)
l	오른쪽으로(→)
e	다음 문자열의 마지막 문자
w	다음 문자열의 첫 문자
b	앞 문자열의 첫 문자
^	현재 행의 마지막 문자
$	현재 행의 마지막 문자
−	이전 행의 첫 문자
Ctrl+F	한 페이지 전방으로 이동
Ctrl+B	한 페이지 후방으로 이동

(2) 삭제 및 복사

[표 7-3] 삭제 및 복사

명령	의미
x	커서 위치의 한 문자 삭제
X	커서 위치의 왼쪽 한 문자 삭제
dw	커서 위치의 한 단어 삭제
dd	커서 위치의 한 줄 삭제
d$	커서 위치에서 행 끝까지 삭제
d^	커서 위치에서 행 시작까지 삭제
yy	현재 행 복사
p	복사된 행 붙이기

(3) 문자열 검색 및 치환

[표 7-4] 검색 및 치환

명령	의미
/string	파일의 후방으로 검색
?string	파일의 전방으로 검색
n	동일한 검색 반복
:s/string1/string2	현재 행에서 string1을 string2로 치환
:%s/string1 /string2	모든 행에서 string1을 string2로 치환
:10,20s/string1/string2	10행부터 20행까지 string1을 string2로 치환
:.,$s/string1/string2	현재 행부터 끝까지 string1을 string2로 치환

(4) 파일 저장 및 종료

[표 7-5] 저장 및 종료

명령	의미
:w	파일 저장
:wq	파일 저장 및 종료
:q!	파일을 저장하지 않고 종료
:w filename	지정한 파일로 저장
ZZ	파일 저장 및 종료

(5) 기타

[표 7-6] 기타

명령	의미
Ctrl+l(엘)	화면 다시 출력
J(대문자 j)	줄 연결
:sh	셸로 일시 전환(복귀:exit)

명령	의미
:!셸명령	셸 명령 실행
:r 파일	파일 읽어오기
. (마침표)	바로 전 명령 반복
u	바로 전 명령 취소

7.1.4 vi 환경설정

vi의 실행 환경은 다음과 같은 방법으로 설정할 수 있다.

- 문자열 명령 모드에서 set 명령으로 설정한다.
- 환경 변수 EXINIT에 설정한다.
- .exrc 파일에 저장한다.

(1) 명령 : set

vi 문자열 명령 모드에서 set 명령으로 vi 실행 환경을 일시적으로 설정할 수 있다. 이 방법은 실행 중인 vi가 종료되면 설정된 환경이 해제된다. set 명령과 함께 옵션에 따라 다양한 기능이 있으나 자주 사용되는 옵션은 [표 7-7]과 같다.

[표 7-7] set 명령

명령 및 옵션	의미
set set all	현재 설정된 환경 변수 모든 환경 변수 및 설정값
set nu set nonu	줄 번호 표시 줄 번호 표시 해제
set list set nolist	특수 문자 표시 특수 문자 표시 해제
set showmode set noshowmode	현재 모드 표시 현재 모드 표시 해제
set ts=4	탭 사이즈=4

(2) 환경 변수 : EXINIT

환경 변수 EXINIT의 값을 set 명령을 사용하여 다음과 같이 지정함으로써 vi 환경을 설정할 수 있다. vi가 실행될 때마다 환경 변수 EXINIT에 지정된 set 명령이 실행되기 때문에 지정된 값으로 설정된다.

```
$ EXINIT='set nu list showmode ts=4'  ← .셸 변수(EXINIT) 설정
$ export EXINIT  ← ..셸 변수(EXINIT)를 환경 변수로 변환
$
```

(3) 파일 : .exrc

홈 디렉터리에 존재하는 .exrc 파일에 set 명령을 사용하여 다음과 같이 지정함으로써 vi 환경을 설정할 수 있다. vi가 실행될 때마다 이 파일에 지정된 set 명령이 실행되므로 지정된 값으로 설정된다. 만약, .exrc 파일이 존재하지 않으면 새로 만들어야 한다.

```
$ vi  .exrc  ← .exrc 파일 편집
```

```
set nu
set list
set showmode
set ts=4
```

7.2 컴파일링

편집기를 사용하여 작성된 C 프로그램을 실행시키기 위해선 컴파일하여 실행 프로그램으로 변환하여야 한다. 리눅스에서는 표준으로 gcc(GNU C Compiler)라는 컴파일러를 사용한다.

7.2.1 gcc 사용법

여기에서는 gcc 컴파일러의 기본적인 사용법을 소개한다.

```
$>gcc 파일명 [옵션]
    옵션:
     -o : 실행 파일(executable file)을 만든다.
     -c : 목적 파일(object file)을 만든다.
     -S : 어셈블리 파일(assembly file)을 만든다.
     -l : 라이브러리(library)를 포함 시킨다.
      :
     ※ 옵션이 생략되면 기본적으로 "a.out" 실행 파일이 만들어진다.
```

예를 들어 hello.c 프로그램을 컴파일할 경우, 다음과 같은 방법으로 가능하다.

- $> gcc hello.c ---> 실행 파일(a.out) 생성
- $> gcc -o hello hello.c ---> 실행 파일(hello) 생성
- $> gcc -S hello.c ---> 어셈블리 파일(hello.s) 생성
- $> gcc -c hello.c ---> 목적 파일(hello.o) 생성

[1] 실행 파일 생성

① 파일명 생략 : a.out

옵션 없이 gcc 명령을 실행하면 항상 a.out이라는 이름의 실행 파일이 생성된다.

예를 들어, hello.c를 옵션 없이 컴파일하여 보자. a.out이라는 실행 파일이 생성됨을 알 수 있다.

```
$ gcc hello.c   ← .hello.c 파일 컴파일링
$ ls -l        ← .a.out 실행 파일 확인
total 132
-rwxrwxr-x 1 user1 user1 16696 Jan 29 04:44 a.out
-rw-rw-r-- 1 user1 user1    63 Jan 29 04:41 hello.c
---<중간 생략>---
$ ./a.out       ← .a.out 파일 실행
Hello world!!!
$
```

② 파일명 지정 : hello

-o 옵션과 함께 실행 파일명을 지정하면 소스 파일과 상관없이 지정한 파일명의 실
행 파일이 생성된다. 예를 들어, hello.c의 실행 파일을 hello라는 이름의 실행 파일로
생성해 보자. hello라는 실행 파일이 생성됨을 알 수 있다.

```
$ gcc hello.c -o hello    ← .hello.c 파일 컴파일링
$ ls -l         ← hello 실행 파일 확인
total 132
-rwxrwxr-x 1 user1 user1 16696 Jan 29 04:54 hello
-rw-rw-r-- 1 user1 user1    63 Jan 29 04:41 hello.c
---<중간 생략>---
$ ./hello          ← hello 파일 실행
Hello world!!!
$
```

[2] 중간 파일 생성

① 어셈블리 파일 : hello.s

-S 옵션과 함께 gcc 명령을 실행하면 소스 파일 이름의 어셈블리 파일이 생성된다.
예를 들어, hello.c의 어셈블리 파일을 생성해 보자. hello.s라는 어셈블리 파일이 생
성됨을 알 수 있다.

```
$ gcc -S hello.c    ← .hello.s 파일 생성
$ ls -l    ← .hello.s 파일 확인
total 132
-rwxrwxr-x 1 user1 user1 16696 Jan 29 04:54 hello
-rw-rw-r-- 1 user1 user1   656 Jan 29 05:02 hello.s
---<중간 생략>---
$
```

② 목적 파일 : hello.o

-c 옵션과 함께 gcc 명령을 실행하면 소스 파일 이름의 목적 파일이 생성된다. 예를 들어, hello.c의 목적 파일을 생성해 보자. hello.o라는 목적 파일이 생성됨을 알 수 있다.

```
$ gcc -c hello.c    ← .hello.o 파일 생성
$ ls -l    ← .hello.o 파일 확인
total 132
-rwxrwxr-x 1 user1 user1 16696 Jan 29 04:55 hello
-rw-rw-r-- 1 user1 user1    82 Jan 29 04:53 hello.c
-rw-rw-r-- 1 user1 user1  1688 Jan 29 04:54 hello.o
---<중간 생략>---
$
```

[3] 단계별 처리

gcc 명령은 [그림 7-4]와 같은 4단계를 거쳐 소스 프로그램으로부터 실행 파일을 생성한다. 각 단계에서 중간 단계의 파일이 생성된다. 따라서 각 단계에서 생성되는 파일을 확인할 수 있다. 각 단계에서 생성된 파일을 중심으로 gcc 명령의 단계별 실행에 대하여 알아보자.

[그림 7-4] gcc 실행 단계

gcc 명령으로 실행 파일이 되는 전체 과정을 확인하기 위하여 [예제 프로그램 7-1]과 같은 hello.c 프로그램을 작성하자.

```
$ vi  hello.c    ← .hello.c 편집
```

```
1 /*** hello.c ***/
2
3 #include <stdio.h>
4 int main() {
5   printf("Hello world!!!\n);
6 }
```

[예제 프로그램 7-1] hello.c

다음과 같이 -v, -save-temps 옵션과 함께 gcc 명령을 실행시켜보자. -v 옵션은 처리 과정을 화면에 출력하기 위함이고, -save-temps 옵션은 중간에 생성되는 파일을 저장하기 위함이다. 중간 파일들(hello.i, hello.o, hello.s)이 생성됨을 확인할 수 있다. 화면에 출력되는 많은 내용 중에서 다음에 보이는 줄이 4단계에 해당하는 명령이다.

```
$ gcc -v -save-temps -o hello hello.c    ← .hello.c 중간 파일 생성
Using built-in specs.
---<중간 생략>---
/usr/lib/gcc/x86_64-linux-gnu/9/cc1 -E  ←①
---<중간 생략>---
/usr/lib/gcc/x86_64-linux-gnu/9/cc1 -fpreprocessed hello.i  ←②
---<중간 생략>---
as -v --64 -o hello.o hello.s  ←③
---<중간 생략>---
/usr/lib/gcc/x86_64-linux-gnu/9/collect2  ←④
---<중간 생략>---
$ ls hello.*    ← .중간 파일 확인
hello.c  hello.i  hello.o  hello.s
$
```

① 전처리(pre-processing) : cc1 -E

전처리 단계는 #으로 시작하는 명령을 처리하는 것이다. 그 결과 hello.i 파일을 생성한다. 예를 들어, [예제 프로그램 7-1]에서 #include <stdio.h>일 경우, stdio.h 파일 삽입을 처리한다. vi 편집기로 hello.i 파일의 내용의 마지막 부분을 확인해 보면 다음과 같다. 3줄에 불가했던 간단한 프로그램이 732줄의 엄청나게 큰 파일로 변환되었다. 이 파일의 줄 번호 725에서 #include <stdio.h> 대신에 /usr/include/stdio.h 파일로 대체되어 있음을 볼 수 있다. 이 작업을 수행하는 명령이 "cc1 -E"이다.

```
$ vi hello.i    ← hello.i 파일 보기
```

```
---<중간 생략>---
722 # 858 "/usr/include/stdio.h" 3 4
723 extern int __uflow (FILE *);
724 extern int __overflow (FILE *, int);
725 # 873 "/usr/include/stdio.h" 3 4
726
727 # 4 "hello.c" 2
728
729 # 4 "hello.c"
730 int main() {
731  printf("Hello world!!!\n");
732 }
```

② 컴파일링(compiling) : cc1

컴파일링 단계는 C언어로 작성된 hello.i를 어셈블리어로 변환한다. 그 결과 다음과 같은 내용의 hello.s 파일을 생성한다. vi 편집기로 hello.s 파일의 내용의 마지막 부분을 확인해 보면 다음과 같다. 3줄에 불가했던 간단한 프로그램이 44줄의 어셈블리 프로그램으로 변환되었다. 이 작업을 수행하는 명령이 "cc1"이다.

```
$ vi  hello.s     ← hello.s 파일 보기
```

```
 1   .file   "hello.c"
 2   .text
 3   .section  .rodata
 4 .LC0:
 5   .string "Hello world!!!"
 6   .text
 7   .globl  main
 8   .type   main, @function
 9 main:
10 .LFB0:
11   .cfi_startproc
12   endbr64
13   pushq                    %rbp
14   .cfi_def_cfa_offset 16
15   .cfi_offset 6, -16
16   movq                     %rsp, %rbp
17   .cfi_def_cfa_register 6
18   leaq   .LC0(%rip), %rdi
19   call   puts@PLT
20   movl                     $0, %eax
21   popq                     %rbp
22   .cfi_def_cfa 7, 8
23   ret
---<이하 생략>---
```

③ 어셈블링(assembling) : as

어셈블링 단계는 어셈블리 언어로 변환된 hello.s를 기계어 코드로 변환한다. 그 결과 2진수 코드인 hello.o 파일을 생성한다. hello.o 파일의 내용은 2진수 코드이므로 vi 편집기로는 볼 수 없다. objdump 명령을 이용하여 hello.o 파일의 내용을 8진수로 확인해 보면 다음과 같다. 이 작업을 수행하는 명령이 "as"이다

```
$ objdump -S hello.o      ← hello.o 파일 보기
hello.o:    file format elf64-x86-64
0000000000000000 <main>:
   0:               f3 0f 1e fa                  endbr64
   4:               55                           push  %rbp
   5:               48 89 e5                     mov  %rsp,%rbp
   8:               48 8d 3d 00 00 00 00         lea   0x0(%rip),%rdi
   f:               e8 00 00 00 00               callq 14 <main+0x14>
  14:               b8 00 00 00 00               mov  $0x0,%eax
  19:               5d                           pop   %rbp
  1a:               c3                           retq
$
```

④ 링킹(linking) : collect2

hello.o는 기계어 코드이지만 printf()와 같은 라이브러리 함수의 코드가 포함되어 있지 않기 때문에 곧바로 실행시킬 수 없다. 실행 파일에는 printf()가 구현된 라이브러리 파일과 연결되어야 한다. 링킹 단계는 기계어 코드로 변환된 hello.o에 라이브러리를 연결하고, 실행시킬 운영체제의 필요한 정보들을 포함하여 실행 파일로 변환한다. 그 결과 2진수 코드인 hello 파일을 생성한다. 실행 파일인 hello의 내용도 2진수 코드이므로 objdump 명령으로 볼 수 있다. 실행 파일은 운영체제에 필요한 정보들이 포함되기 파일 크기가 커진다. 이 작업을 수행하는 명령이 "collect2"이다.

```
$ objdump -S hello      ← hello 실행 파일 보기
hello:    file format elf64-x86-64
0000000000001000 <_init>:
  1000:              f3 0f 1e fa                  endbr64
  1004:              48 83 ec 08                  sub   $0x8,%rsp
  1008:              48 8b 05 d9 2f 00 00         mov   0x2fd9(%rip),%rax
---<중간 생략>---
0000000000001149 <main>:
  1149:              f3 0f 1e fa                  endbr64
  114d:              55                           push  %rbp
```

```
   114e:              48 89 e5               mov    %rsp,%rbp
   1151:              48 8d 3d ac 0e 00 00   lea    0xeac(%rip),%rdi
   1158:              e8 f3 fe ff ff         callq  1050 <puts@plt>
   115d:              b8 00 00 00 00         mov    $0x0,%eax
   1162:              5d                     pop    %rbp
   1163:              c3                     retq
   1164:              66 2e 0f 1f 84 00 00   nopw   %cs:0x0(%rax,%rax,1)
   116b:              00 00 00
   116e:              66 90                  xchg   %ax,%ax
---<이하 생략>---
$
```

7.2.2 make 및 Makefile

make 명령은 프로그램을 여러 개의 소스 파일로 작성할 경우, 각각의 소스 파일을 컴파일하여 최종적으로 하나의 실행 프로그램을 만들어 주는 일련의 작업을 편리하게 해 주는 도구이다.

make 명령을 이용한 가장 간단한 기능은 하나의 소스 파일로 작성된 프로그램에서 소스 파일과 동일 이름의 실행 파일을 생성하는 것이다. 예를 들어, 소스 파일 (hello.c)에 대한 실행 파일(hello)은 다음과 같이 make 명령으로 간단히 생성할 수 있다.

```
$ ls -l       ← hello.c 파일 확인
total 4
-rw-rw-r-- 1 user1 user1 62 Mar 25 19:01 hello.c
$ make hello     ← hello.c 컴파일링
cc    hello.c  -o hello
$ ls -l       ← hello 파일 확인
total 24
-rwxrwxr-x 1 user1 user1 16696 Mar 25 19:03 hello
-rw-rw-r-- 1 user1 user1    65 Mar 25 19:03 hello.c
$ ./hello      ← hello 파일 실행
Hello World !!!
$
```

한편, 프로그램 크기가 클 경우, 하나의 프로그램을 여러 개의 소스 파일로 분리하여 작성할 수 있다. 이런 경우에는 각각의 소스 파일에 대한 목적 파일을 생성한 후, 모든 목적 파일을 하나의 실행 파일로 링크시킨다. 예를 들어, 다음과 같은 두 개의 파일(one.c, two.c)로 구성된 프로그램을 작성해 보자. [예제 프로그램 7-2]에서 호출한 함수 two()가 [예제 프로그램 7-3]에 정의되어 있다.

```
$ vi  one.c     ← one.c 파일 편집
```

```
1 /*** one.c ***/
2 #include <stdio.h>
3 extern int two();
4 int main() {
5    printf("call two.o\n");
6    two();
7    printf("exit one.o\n");
8 }
```

[예제 프로그램 7-2] one.c

```
$ vi  two.c     ← two.c 파일 편집
```

```
1 /*** two.c ***/
2 #include <stdio.h>
3 int two() {
4    printf("\ttwo.o is called!!!\n");
5 }
```

[예제 프로그램 7-3] two.c

소스 파일에 대한 목적 파일을 각각 생성한 후, 목적 파일을 링크시켜 하나의 실행 파일(main)을 생성한다. 실행한 결과는 다음과 같다.

```
$ gcc one.c -c       ← one.o 파일 생성
$ gcc two.c -c       ← two.o 파일 생성
$ gcc -o main one.o two.o        ← main 파일 생성
$ ./main       ← main 파일 실행
call two.o
    two.o is called!!!
exit one.o
$
```

이처럼 프로그램을 여러 개의 소스 파일로 나누어 작성할 경우, 실행 파일을 만드는 일련의 작업은 매우 번거로운 일이다. 이러한 번거로움을 해결할 수 있도록 하는 것이 make 명령을 이용한 컴파일이다.

make 명령은 현재 디렉터리에 존재하는 Makefile(혹은 makefile)에 설정된 규칙에 따라 일련의 작업을 수행한다. 따라서 make 명령을 사용하여 컴파일할 경우, 반드시 Makefile을 먼저 작성하여야 한다. Makefile은 어느 파일들을 어떤 방법으로 컴파일 하여 최종적으로 어떤 실행 파일을 만들 것인지를 알려주는 설정 파일이라고 말할 수 있다.

Makefile은 make에 의해 처리될 일련의 규칙을 기술한 파일로써 구성요소와 작성 규칙은 개념적으로 매우 단순하다. Makefile은 기본적으로 다음과 같은 형식으로 명시하며 타겟(target), 의존관계(dependency), 그리고 명령(command)으로 구성된다.

```
target: [dependency]
 [TAB]   command
```

Makefile 파일 구성요소의 의미는 다음과 같다.

① 타겟(target)은 결과물이다.
② 의존관계(dependency)는 결과물을 만드는데 필요한 요소이다.
③ 명령(command)은 결과물을 만드는 명령이다.

Makefile 작성할 때 지켜야 하는 규칙은 다음과 같다.

① 타겟은 공백(blank) 없이 시작하여 콜론(:)으로 끝난다.

② 의존관계는 앞에 공백(blank)이 있어야 한다.

③ 명령은 반드시 탭(TAB)으로 시작하여야 한다.

예를 들어, [예제 프로그램 7-2]와 [예제 프로그램 7-3]를 컴파일하기 위한 Makefile
을 다음과 같이 작성한다.

```
$ vi  Makefile      ← Makefile 파일 편집
```

```
1 /*** Makefile ***/
2 main:  one.o two.o
3    gcc -o main one.o two.o
4 one.o:
5    gcc -c one.c
6 two.o:
7    gcc -c two.c
```

make 명령을 실행함으로써 Makefile에 의해 다음과 같이 일련의 컴파일 작업이 수
행됨을 확인할 수 있다.

```
$ make      ← make 실행
gcc -c one.c
gcc -c two.c
gcc -o main one.o two.o
$ ./main      ← main 실행
call two.o
    two.o is called!!!
exit one.o
$
```

7.3 프로그램 실행 및 디버깅

7.3.1 프로그램 실행

리눅스에서 응용 프로그램을 실행시키는 방법에 대하여 알아보자. 리눅스에서 응용 프로그램을 실행시키는 가장 간단한 방법은 셸에서 실행 파일명을 입력하면 해당 응용 프로그램이 실행된다. 예를 들어, "Hello World!!!"를 출력하는 프로그램(hello.c)을 작성하여 실행 파일(hello)을 생성한 후, 이를 실행시키는 과정은 다음과 같다.

```
$ vi hello.c
$ gcc hello.c -o hello
$ ./hello
Hello world!!!
$
```

이 과정에서 소스 프로그램(hello.c)을 작성하기 위하여 vi 응용 프로그램을 실행시켰고, 실행 파일(hello)을 생성하기 위하여 gcc 응용 프로그램을 실행시켰다. 마지막으로, 실행 파일명(./hello)을 입력하여 우리가 작성한 응용 프로그램(hello)을 실행시켰다. 여기에서 "./"는 실행 프로그램이 현재 디렉터리(.)에 있는 파일임을 의미한다. 셸은 실행 파일을 찾을 때 환경 변수(PATH)에 포함된 디렉터리를 참조한다. 그러나 대부분 환경 변수(PATH)에 현재 디렉터리가 포함되어 있지 않기 때문에 현재 디렉터리에서 찾으라는 의미로 실행 파일 앞에 "./"를 붙여 주어야 한다.

응용 프로그램을 실행시킬 때 인자(arguments)를 전달할 수 있다. 프로그램을 실행시킬 때 실행 파일명과 함께 주어지는 인자는 main() 함수에 전달된다. main() 함수는 두 개의 인자(argc, argv[])를 가지고 있다. argc는 실행 파일명을 포함한 인수의 개수, argv[]는 실행 파일명 및 인자를 가리키는 포인터 배열이다.

예를 들어, 다음과 같이 main()에 전달된 인자를 출력하도록 작성해 보자.

```
$ vi arg.c      ← arg.c 파일 편집
```
```
1 /*** arg.c ***/
2
3 #include <stdio.h>
4 int main(int argc, char *argv[]) {
5    int i;
6    printf("argc = %d\n", argc);
7    for(i=0; i<argc; i++)
8       printf("argv[%d]: %s\n", i, argv[i]);
9 }
```

[예제 프로그램 7–4] arg.c

[예제 프로그램 7-4]의 컴파일 및 실행 결과는 다음과 같다.

```
$ gcc arg.c -o arg      ← arg.c 컴파일링
$ ./arg Hello World     ← arg 파일 실행
argc = 3
argv[0]: ./arg
argv[1]: Hello
argv[2]: World
$
```

main()에 전달되는 인자를 가리키는 argv[] 배열의 구조는 다음과 같다.

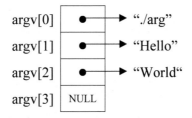

[그림 7–5] argv[] 구조

7.3.2 디버깅

디버깅은 프로그램의 오류를 찾고 수정하는 과정으로 매우 중요하다. 리눅스에서 가장 기본적으로 제공하고 있는 디버깅 툴인 gdb 사용법에 대하여 알아보자. gdb를 이용하여 디버깅하는 전형적인 방법을 정지 점(break point)을 설정한 후, 프로그램을 실행시켜 가면서 변수 혹은 레지스터 값을 추적하는 것이다.

gdb를 사용하여 디버깅하기 위해서는 -g 옵션과 함께 gcc 컴파일링해야 한다. 예를 들어, 다음과 같이 [예제 프로그램 7-4]를 컴파일링하여 실행 파일(arg_bug)을 생성한 후, gdb를 사용하여 디버깅해 보도록 하자.

```
$ gcc arg.c -g -o arg_bug     ← arg.c 컴파일링
$
```

이제, 다음과 같이 실행 파일(arg_bug)을 이용하여 gdb를 실행한다. 마지막 줄에서 gdb 명령 입력을 기다리고 있다. 만약 gdb를 종료하려면 'q' 혹은 <Ctrl+d>를 입력하면 된다.

```
$ gdb arg_bug     ← gdb 실행
GNU gdb (Ubuntu 9.2-0ubuntu1~20.04) 9.2
---(중간 생략)---
Reading symbols from arg_bug...
(gdb)
```

[1] gdb 명령

gdb 명령에는 매우 다양한 종류가 있지만, 여기에서는 프로그램을 디버깅할 때 기본적으로 사용되는 명령들을 정리하여 간단히 소개한다. gdb에서 아무런 입력 없이 <Enter> 키를 누르면 바로 이전에 입력했던 명령의 반복을 의미한다.

① 소스 프로그램 보기

[표 7-8] 소스 프로그램 내용 보기

명령	기능
l	main 함수에서부터 보기
l [함수명]	해당 함수에서부터 보기
l [줄번호]	해당 줄에서부터 보기
l[파일명] : [함수명]	해당 파일의 함수에서부터 보기
l[파일명] : [줄번호]	해당 파일의 줄에서부터 보기
l -	이전 줄 보기
set listsize n	출력되는 줄의 수(기본값:10)

② 중단지점(breakpoint) 설정 및 해제

[표 7-9] 중단지점 설정 및 해제

명령	의 미
b [함수명]	해당 함수 시작에 중단지점 설정
b [줄번호]	해당 줄에 중단지점 설정
b[파일명] : [함수명]	해당 파일의 함수에 중단지점 설정
b[파일명] : [줄번호]	해당 파일의 줄에 중단지점 설정
info b	현재 설정된 중단지점 보기
cl [함수명]	해당 함수 시작에 중단지점 해제
cl [줄번호]	해당 줄에 중단지점 해제
cl [파일명] : [함수명]	해당 파일의 함수에 중단지점 해제
cl [파일명] : [줄번호]	해당 파일의 줄에 중단지점 해제
d	모든 중단지점 해제

③ 프로그램 실행

[표 7-10] 프로그램 실행

명령	의미
r [인수]	인수를 받아 실행
k	실행 종료
n	현재 줄 실행(함수호출 시 실행)
s	현재 줄 실행(함수호출 시 진입)
c	다음 중단지점까지 계속 실행
u	반복문 빠져나옴
finish	현재 함수 실행 후 나감
return	현재 함수 실행하지 않고 나감

④ 변수 및 레지스터 보기

[표 7-11] 변수 및 레지스터 보기

명령	의미
info locals	모든 지역변수
info registers	모든 레지스터의 값
p [변수명]	해당 변수의 값
p [함수명]	해당 함수의 주소
p [$레지스터명]	해당 레지스터의 값
display [변수명]	해당 변수의 값 자동 보기
undisplay [번호]	해당 번호의 변수 자동 보기 해제
watch [변수명]	해당 변수의 값이 변경될 때

[2] gdb 실습

지금까지 소개한 gdb 기본 명령을 사용하여 arg_bug 프로그램이 실행되는 과정을 단계별로 추적하여 보자.

[단계−0] gdb 시작

```
$ gcc arg.c -g -o arg_ug
$ gdb arg_bug
GNU gdb (Ubuntu 9.2-0ubuntu1~20.04) 9.2
---(중간 생략)---
Reading symbols from arg_bug...
(gdb)
```

[단계−1] 소스 프로그램 확인: l

l 명령으로 arg_bug 실행 파일의 소스 프로그램을 확인한다.

```
(gdb) l
1     /*** arg.c ***/
2
3     #include <stdio.h>
4     int main(int argc, char *argv[]) {
5        int i;
6        printf("argc = %d\n", argc);
7        for(i=0; i<argc; i++)
8     printf("argv[%d]: %s\n", i, argv[i]);
9     }
(gdb)
```

[단계−2] 중단지점 설정 및 확인: b, info b

b 명령을 이용하여 main()에 중단 지점을 설정하고, info b 명령으로 설정된 정지 점을 확인한다. 중단 지점을 설정해야 추적할 수 있다. 만약 중단 지점 설정 없으면 끝까지 실행되기 때문에 반드시 중단 지점을 설정하여야 한다.

```
(gdb) b main
Breakpoint 1 at 0x1149: file arg.c, line 4.
(gdb) info b
Num Type      Disp Enb Address    What
1    breakpoint keep y   0x00001149 in main at arg.c:4
(gdb)
```

[단계-3] 프로그램 실행: r [인자]

r 명령으로 "Hello World" 인자를 받아 arg_bug 프로그램을 실행시킨 후, 설정된 중단 지점(main())에 정지하고 있음을 확인한다.

```
(gdb) r Hello World
Starting program: /home/user1/arg_bug
Breakpoint 1, main (argc=21845, argv=0x0) at arg.c:4
4       int main(int argc, char *argv[]) {
(gdb)
```

[단계-4] 추적하려는 변수 설정: display

display 명령으로 추적하려는 변수(i)의 출력을 설정한다.

```
(gdb) display i
1: i = 0   ← 변수 i의 출력 설정
(gdb)
```

[단계-5] 줄 단위로 실행: n

n 명령으로 줄 단위 실행시켜 가면서 변수(i, argc, argv[]) 값의 변화를 추적해 본다. 이 경우, <Enter> 키를 누르면 이전에 실행했던 명령(n)을 반복할 수 있다.

① i = 0

```
(gdb) n
6      printf("argc = %d\n", argc);
1: i = 0   ← 변수 i의 현재 값: 0
(gdb)
```

② i = 0, argc = 3

```
(gdb) n
argc = 3   ← 변수 argc 의 현재 값: 3
7      for(i=0; i<argc; i++)
1: i = 0
(gdb) n
8          printf("argv[%d]: %s\n", i, argv[i]);
1: i = 0
(gdb)
```

③ i = 1, argv[0]: /home/user1/arg_bug

```
(gdb) n
argv[0]: /home/user1/arg_bug
7      for(i=0; i<argc; i++)
1: i = 0
(gdb) n
8          printf("argv[%d]: %s\n", i, argv[i]);
1: i = 1   ← 변수 i의 현재 값: 1
(gdb)
```

④ i = 2, argv[1]: Hello

```
(gdb) n
argv[1]: Hello
7      for(i=0; i<argc; i++)
1: i = 1
(gdb) n
8            printf("argv[%d]: %s\n", i, argv[i]);
1: i = 2  ← 변수 i의 현재 값: 2
(gdb)
```

⑤ i = 3, argv[2]: World

```
(gdb) n
argv[2]: World
7      for(i=0; i<argc; i++)
1: i = 2
(gdb)
9      }
1: i = 3  ← 변수 i의 현재 값: 3
(gdb)
```

c 명령으로 계속 실행한다. 정상적으로 실행되었음을 확인한 후, q 명령으로 **gdb**를
종료한다.

```
(gdb) c
Continuing
[Inferior 1 (process 2396) exited normally]
(gdb) q
$
```

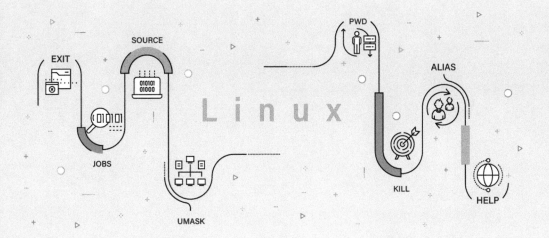

8

셀 프로그래밍

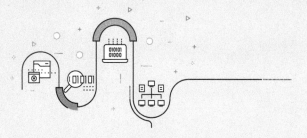

셸은 명령을 해석하여 처리하는 명령 해석기(command interpreter) 기능 외에 일련의 명령을 프로그램 형태로 작성하여 실행시킬 수 있는 프로그래밍 기능이 있다. 이런 유형의 프로그램을 셸 스크립트(shell script)라고 부른다. 반복적으로 처리해야하는 일련의 명령을 프로그램 형태로 작성하여 실행시키면 매우 유용하다. 이 장에서는 셸 스크립트를 작성하고 실행시키기 위한 셸 프로그래밍에 대하여 알아본다.

8.1 셸 스크립트

셸 스크립트는 텍스트 파일이다. 3.2.4 절에서 소개한 시스템 혹은 사용자 환경 설정파일(예: /etc/profile, ~/.bashrc 등)이 바로 셸 스크립트이다. 예를 들어, cat 명령으로 /etc/profile 파일의 내용을 보면 [그림 8-1]과 같이 프로그램 형태로 작성되어 있음을알 수 있다.

```
$ cat /etc/profile  ← /etc/profile 내용 보기
if [ "${PS1-}" ]; then
 if [ "${BASH-}" ] && [ "$BASH" != "/bin/sh" ]; then
  if [ -f /etc/bash.bashrc ]; then
   . /etc/bash.bashrc
  fi
 else
  if [ "`id -u`" -eq 0 ]; then
   PS1='# '
  else
   PS1='$ '
  fi
 fi
fi
---<이하 생략>---
$
```

[그림 8-1] /etc/profile

8.1.1 셸 스크립트 작성

편집기(예: vi, nano, gedit 등)를 이용하여 셸 스크립트를 작성한다. 예를 들어, vi 편집기를 사용하여 다음과 같이 환경 변수 $USERNAME의 값을 출력하기 위한 셸 스크립트(user_name.sh)를 작성하여 보자.

```
$ vi user_name.sh  ← 셸 스크립트(user_name.sh) 편집
```

```
1 #!/bin/bash
2 #user_name.sh
3 echo "User Name: " $USERNAME
```

[설명]
1행: 주석 표시(#!)로써 배시 셸(/bin/bash)에서 실행시키겠다는 선언이다. 반드시 첫 행에 선언되어야 한다.
2행: 주석 표시(#)로써 스크립트 파일 이름을 표시한 것이다.
3행: 환경 변수 $USERNAME의 값을 출력한다.

8.1.2 셸 스크립트 실행

셸 스크립트는 셸 명령 혹은 실행 파일처럼 실행시킬 수 있다. 셸 스크립트는 인터프리터 방식으로 실행되기 때문에 6.2.3에서 소개한 chmod 명령으로 스크립트 파일에 실행(x) 권한을 부여하여 직접 실행시킬 수 있다. 셸 스크립트는 다음과 같은 네 가지 방법으로 실행시킬 수 있다. 실행 결과는 같겠지만, 처리되는 방법에 차이가 있다.

① . 파일명 : 점(.) 명령으로 현재 셸 프로세스에서 처리한다.

② bash 파일명 : bash 명령으로 자식 프로세스에서 처리한다.

③ source 파일명 : source 명령으로 현재 셸 프로세스에서 처리한다.

④ ./파일명 : 실행(x) 권한을 부여한 후, 자식 프로세스에서 처리한다.

예를 들어, user_name.sh 스크립트를 다음과 같이 네 가지 방법으로 실행시킬 수 있다.

```
$ ls -l user_name.sh
-rw-rw-r-- 1 user1 user1 42 Jan 24 19:05 user_name.sh
$ . user_name.sh          ← ①
User Name:  user1
$ bash user_name.sh       ← ②
User Name:  user1
$ source user_name.sh     ← ③
User Name:  user1
$ chmod +x user_name.sh   ← ④
$ ./user_name.sh
User Name:  user1
$
```

8.2 변수와 표준 입출력

8.2.1 변수

3장에서 셸이 실행되는 과정에서 참조하는 셸 변수와 환경 변수에 대하여 배웠다. 셸 변수는 현재 셸에서만 유효한 지역변수 개념이지만, 환경 변수는 현재 셸과 서브 셸에서 유효한 전역 변수 개념임을 이미 알고 있다. 셸 스크립트에서 사용하는 변수가 바로 셸 변수 혹은 환경 변수와 같은 것이다. 셸 스크립트에서 새로운 셸 변수를 선언하고, 환경 변수의 값을 이용할 수도 있다.

셸 변수를 사용하기 전에 반드시 미리 선언해야 할 필요는 없다. 셸의 변수는 최초로 쓰이는 지점에서 자동으로 만들어진다. 변수 내용을 참조할 때는 '$'를 변수명 앞이 붙이지만, 변수에 값을 지정할 때는 그냥 변수명만 선언한다. 기본적으로 모든 변수는 문자열 타입으로 저장된다.

예를 들어, 셸 변수(var)를 선언하고 셸 변수를 참조하여 화면으로 출력하는 스크립트(hello.sh)를 작성하여 실행시켜 보자. 큰따옴표(" "), 작은따옴표(' '), 그리고 역슬래시(\)에 따라 처리가 다름을 유의하자. 문자열을 설정할 때, 등호(=) 양쪽에 빈칸이 있어는 안된다. 또한 빈칸을 포함한 문자열을 설정할 경우, 반드시 문자열 전체를 큰따옴표로 묶어야 한다.

```
$ vi hello.sh   ← 셸 스크립트(hello.sh) 편집
```

```
1 #!/bin/bash
2 #hello.sh
3 var="Hello World!"
4 echo $var
5 echo "$var"
6 echo '$var'
7 echo ₩$var
```

[설명]
3행: 문자열(Hello World!)을 셸 변수(var)에 저장한다.
4행: 셸 변수($var)의 값을 출력한다.
5행: " "(큰따옴표)로 묶어 셸 변수($var)의 값을 출력한다.
6행: ' '(작은따옴표)로 묶어 문자열($var)을 출력한다.
7행: ₩(역 슬래시)로 묶어 '$'를 문자로 취급하여 출력한다.

다음과 같이 bash 명령으로 스크립트(hello.sh)를 실행시킨다.

```
$ bash hello.sh   ← 셸 스크립트(hello.sh) 실행
Hello World!
Hello World!
$var
$var
$
```

셀 스크립트는 환경 변수의 값을 참조할 수 있다. 예를 들어, 환경 변수($HOME)의 값을 출력하는 스크립트(home.sh)를 작성하여 실행시켜 보자.

```
$ vi home.sh  ← 셀 스크리트(home.sh) 편집
```

```
1 #!/bin/bash
2 #home.sh
3 echo $HOME
4 echo "$HOME"
5 echo '$HOME'
6 echo ₩$HOME
```

[설명]
3행: 환경 변수($HOME) 값을 출력한다.
4행: " "(큰따옴표)로 묶어 환경 변수($HOME) 값을 출력한다.
5행: ' '(작은따옴표)로 묶어 문자열($HOME)을 출력한다.
6행: ₩(역슬래시)를 '$' 앞에 붙여 '$'를 문자로 출력한다.

다음과 같이 bash 명령으로 스크립트(home.sh)를 실행시킨다.

```
$ bash home.sh  ← 셀 스크리트(home.sh) 실행
/home/user1
/home/user1
$HOME
$HOME
$
```

8.2.2 표준 입출력

셀 스크립트의 표준 입출력을 위한 명령은 read와 echo이다. 예를 들어, 키보드로부터 문자열을 입력받고, 입력된 문자열을 출력하는 스크립트(in_out.sh)를 작성하여 실행시켜 보자.

```
$ vi in_out.sh   ← 셸 스크리트(in_out.sh) 편집
```

```
1 #!/bin/bash
2 #in_out.sh
3 echo "Enter your string:"
4 read IN
5 echo "Your string is:"
6 echo $IN
```

[설명]
4행: 표준 입력(키보드)으로 문자열을 변수(IN)에 저장한다.
6행: 변수 내용($IN)을 표준 출력한다.

다음과 같이 bash 명령으로 스크립트(in_out.sh)를 실행시킨다.

```
$ bash in_out.sh   ← 셸 스크리트(in_out.sh) 실행
Enter your string:
God bless you !!!   ← 표준 입력
Your string is:
God bless you !!!   ← 표준 출력
$
```

[1] 숫자 연산

모든 셸 변수는 기본적으로 문자열 타입으로 저장된다. 따라서 숫자 연산을 위해서는 문자열을 숫자로 변환해야 한다. expr (expression) 키워드를 사용하여 문자열을 숫자로 변환한다.

expr 키워드를 사용하여 문자열을 숫자로 변환할 때 expr 키워드를 포함하여 연산식이 반드시 역 따옴표(` `)로 묶여야 한다. 한편, 숫자 연산을 위한 사칙 연산자는 [표 8-1]과 같다. 참고로 곱셈(*) 연산자 앞에 반드시 역슬래시(\)를 붙여야 함을 유의하자.

[표 8-1] 사칙 연산자

연산자	의 미
+	덧셈
*	곱셈('\'를 앞에 붙임)
%	나머지
–	뺄셈
/	나눗셈

예를 들어, 키보드로부터 입력된 문자열을 숫자로 변환하여 사칙연산을 수행하는 스크립트(sum_mul.sh)를 작성하여 실행시켜 보자.

```
$ vi sum_mul.sh  ← 셸 스크립트(sum_mul.sh) 편집
```

```
 1 #!/bin/bash
 2 #sum_mul.sh
 3 echo "Enter your num1:"
 4 read NUM1
 5 echo "Enter your num2:"
 6 read NUM2
 7 SUM=`expr $NUM1 + $NUM2`
 8 MUL=`expr $NUM1 ₩* $NUM2`
 9 echo "NUM1 + NUM2 = $SUM"
10 echo "NUM1 * NUM2 = $MUL"
```

[설명]
7행: (+) 연산식 전체를 `(역 따옴표)로 묶는다.
8행: (*) 연산 앞에 ₩(역 슬래쉬)를 붙여준다.

다음과 같이 bash 명령으로 스크립트(sum_mul.sh)를 실행시킨다.

```
$ bash add_mul.sh  ← 셸 스크립트(sum_mul.sh) 실행
Enter your num1:
200
```

```
Enter your num2:
300
NUM1 + NUM2 = 500
NUM1 * NUM2 = 60000
$
```

[2] 매개 변수

스크립트가 실행되면서 매개 변수(parameter)를 받는 경우 [표 8-2]와 같은 변수들이
만들어진다.

[표 8-2] 매개 변수

변수	의미
$0	셸 스크립트 이름
$1, $2, …	매개 변수
$#	매개 변수 개수

스크립트와 함께 옵션 혹은 인자를 값으로 주어지는 값들은 $0, $1, $2, … 와 같은 형
태의 매개 변수에 의해 참조된다. $0은 스크립트 이름이고, $1부터 매개 변수로 주어
진 값에 해당한다. 예를 들어, 스크립트에 주어진 매개 변수의 내용을 확인하는 스크
립트(cmd_arg.sh)를 작성하여 실행시켜 보자.

```
$ vi cmd_arg.sh  ← 셸 스크립트(cmd.sh) 편집
```

```
1 #!/bin/bash
2 #cmd_arg.sh
3 echo "arg0 = $0"
4 echo "arg1 = $1"
5 echo "arg1 = $2"
6 echo "# of args = $#"
```

[설명]
3행: $0 : 스크립트 명
4행: $1 : 첫 번째 매개 변수
5행: $2 : 두 번째 매개 변수

다음과 같이 bash 명령으로 스크립트(cmd_arg.sh)를 실행시킨다.

```
$ bash cmd_arg A B  ← 셀 스크립트(sum_mul.sh) 실행
arg0 = cmd_arg.sh
arg1 = A
arg1 = B
# of args = 2
$
```

8.3 조건문과 반복문

8.3.1 조건문

(1) if~then~else~fi

if 조건문에 따라 분기하는 프로그램 형식은 다음과 같다. 주의할 점은 "[조건]"에서 [ ]와 조건 사이, 그리고 조건을 비교하는 연산자와 피연산자 사이에 반드시 공백이 있어야 한다.

```
if [ 조건 ]
  then
      조건이 true일 경우 실행할 문장
  else
      조건이 false일 경우 실행할 문장
fi
```

조건을 비교하는 종류에는 문자열 비교와 산술 비교, 그리고 파일 조건이 있다.

① 문자열 비교

조건문에서 문자열을 비교하기 위하여 [표 8-3]과 같은 연산자를 사용한다.

[표 8-3] 문자열 비교 연산자

연산자	결과
문자열 = 문자열	두 문자열이 같으면 참
문자열 != 문자열	두 문자열이 같지 않으면 참
-n 문자열	문자열이 NULL이 아니면 참
-z 문자열	문자열이 NULL이면 참

예를 들어, 스크립트와 함께 주어진 두 개의 매개 변수($1,$2)의 문자열을 비교 연산하는 조건문을 이용한 스크립트(if_else1.sh)를 작성하여 실행시켜 보자.

```
$ vi if_else1.sh  ← 셀 스크립트(if_else1.sh) 편집
```

```
1 #!/bin/bash
2 #if_else1.sh
3 if [ $1 = $2 ]
4 then
5    echo "True!"
6 else
7    echo "False!"
8 fi
```

[설명]
3행: $1, $2를 문자열 비교 연산한다.
4행: $1=첫 번째 매개 변수
5행: $2=두 번째 매개 변수

다음과 같이 bash 명령으로 스크립트(if_else1.sh)를 실행시킨다.

```
$ bash if_else1.sh 20 20   ← 셸 스크리트(if_else1.sh) 실행
True!
$ bash if_else1.sh 10 9   ← 셸 스크리트(if_else1.sh) 실행
False!
$
```

② 수식 비교

조건문에서 수식의 값을 비교하기 위하여 [표 8-4]와 같은 연산자를 사용한다.

[표 8-4] 산술 비교 연산자

연산자	결과
수식1 -eq 수식2	수식1과 수식2가 같으면 참
수식1 -ne 수식2	수식1과 수식2가 같지 않으면 참
수식1 -gt 수식2	수식1이 수식2보다 크면 참
수식1 -ge 수식2	수식1이 수식2보다 크거나 같으면 참
수식1 -lt 수식2	수식1이 수식2보다 작으면 참
수식1 -le 수식2	수식1이 수식2보다 작거나 같으면 참
! 수식	수식이 거짓이면 참

예를 들어, 스크립트와 함께 주어진 두 개의 매개 변수($1,$2)의 숫자를 비교 연산하는 조건문을 이용한 스크립트(if_else2.sh)를 작성하여 실행시켜 보자.

```
$ vi if_else2.sh   ← 셸 스크리트(if_else2.sh) 편집
```

```
1 #!/bin/bash
2 #if_else2.sh
```

```
3 if [ `expr $1` -ge `expr $2` ]
4 then
5   echo "True!"
6 else
7   echo "False!"
8 fi
```

[설명]
3행: $1, $2를 산술 비교 연산한다.
4행: $1=첫 번째 매개 변수
5행: $2=두 번째 매개 변수

다음과 같이 **bash** 명령으로 스크립트(if_else2.sh)를 실행시킨다.

```
$ bash if_else2.sh 20 20   ← 셸 스크립트(if_else2.sh) 실행
True!
$ bash if_else2.sh 10 9   ← 셸 스크립트(if_else2.sh) 실행
False!
$
```

③ 파일 비교

조건문에 파일의 속성을 판별하기 위하여 [표 8-5]와 같은 연산자를 사용한다.

[표 8-5] 파일 속성 판별 연산자

연산자	결과
-e 파일	파일이 존재하면 참
-f 파일	파일이 일반 파일이면 참
-d 파일	파일이 디렉터리이면 참
-r 파일	파일이 읽기 가능하면 참
-w 파일	파일이 쓰기 가능하면 참
-x 파일	파일이 실행 가능하면 참

예를 들어, 스크립트와 함께 매개 변수($1)로 주어지는 파일의 존재 여부를 판별하는
스크립트(if_else3.sh)를 작성하여 실행시켜 보자.

```
$ vi if_else3.sh  ← 셸 스크립트(if_else3.sh) 편집
```

```
1 #!/bin/bash
2 #if_else3.sh
3 if [ -e $1 ]
4 then
5    echo "$1 exists"
6 else
7    echo "$1 doesn't exist"
8 fi
```

[설명]
3행: 파일($1)의 존재 여부를 판별한다.
5,6행 : $1=첫 번째 매개 변수

다음과 같이 bash 명령으로 스크립트(if_else3.sh)를 실행시킨다.

```
$ bash if_else3.sh  /bin/bash  ← 셸 스크립트(if_else3.sh) 실행
/bin/bash exists
$ bash if_else3.sh  /etc/bash  ← 셸 스크립트(if_else3.sh) 실행
/etc/bash doesn't exist
$
```

(2) case~in~esac

case 조건문에 따라 분기하는 프로그램 구조는 다음과 같다. 주의할 점은 조건에 해
당하는 실행 문장이 반드시 두 개의 세미콜론(;;)으로 끝나는 것이다.

```
case 변수 in
  조건-1)
      조건-1이 true일 경우 실행할 문장;;
  조건-2)
      조건-2가 true일 경우 실행할 문장;;
  *)
      그 외의 모든 경우 실행할 문장;;
esac
```

예를 들어, 스크립트와 함께 주어진 매개 변수($1)의 문자열을 비교 연산하는 조건문을 이용한 스크립트(case_esac.sh)를 작성하여 실행시켜 보자.

$ vi case_esac.sh ← 셸 스크리트(case_esac.sh) 편집

```
 1 #!/bin/bash
 2 #case_esac.sh
 3 case $1 in
 4   1)
 5     echo "Tick";;
 6   2)
 7     echo "Tak";;
 8   3)
 9     echo "To";;
10   *)
11     echo "Error!";;
12 esac
```

[설명]
3행: $1 문자열 비교 연산한다.
4,5행: $1 문자열이 "1"일 경우
6,7행: $1 문자열이 "2"일 경우
8,9행: $1 문자열이 "3"일 경우
10,11행: $1 문자열이 "1,2,3"이 아닐 경우

다음과 같이 bash 명령으로 스크립트(case_esac.sh)를 실행시킨다.

```
$ bash case_esac.sh 1  ← 셸 스크리트(case_esac.sh) 실행
Tick
$ bash case_esac.sh 4  ← 셸 스크리트(case_esac.sh) 실행
Error!
$
```

8.3.2 반복문

(1) for~in~do~done

특정 범위의 값들에 대해 명령문을 반복해서 실행할 경우, for 문장을 사용하면 된다. for 문장으로 반복하는 프로그램 구조는 다음과 같다. 반복할 횟수는 in 다음에 주어진 값의 개수이다.

```
for 변수 in 값1 값2 값3 ....
do
    반복 실행할 명령문
done
```

예를 들어, for~in~do~done 반복문을 이용하여 1부터 10까지 합을 구하는 스크립트 (for_sum.sh)를 작성하여 실행시켜 보자.

```
$ vi for_sum.sh  ← 셸 스크리트(for_sum.sh) 편집
```

```
1 #! /bin/bash
2 #for_sum.sh
3 SUM=10
4 for N in 1 2 3 4 5 6 7 8 9 10
5 do
6 SUM=`expr $SUM ₩* $N`
7 done
8 echo "SUM = $SUM"
```

[설명]
3행: SUM 값 초기화
4행: 반복 조건
6행: 반복 실행 문장
8행: SUM 값($SUM) 출력

다음과 같이 bash 명령으로 스크립트(for_sum.sh)를 실행시킨다.

```
$ bash for_sum.sh    ← 셸 스크립트(for_sum.sh) 실행
SUM = 55
$
```

(2) seq

반복 횟수가 1씩 순차적 증가할 경우, 다음과 같이 seq를 이용하여 반복할 횟수를 지정할 수 있다. 주의할 점은 반드시 시작과 종료를 표시하는 seq 문장 전체를 역 따옴표(` `)로 묶어 주어야 한다.

```
for 변수 in `seq 시작 종료`
do
   반복 실행할 명령문
done
```

예를 들어, seq를 이용하여 1부터 10까지 합을 구하는 스크립트(seq_sum.sh)를 작성하여 실행시켜 보자.

```
$ vi seq_sum.sh   ← 셸 스크리트(seq_sum.sh) 편집
```

```
1 #! /bin/bash
2 #seq_sum.sh
3 SUM=0
4 for N in `seq 1 10`
5 do
6 SUM=`expr $SUM + $N`
7 done
8 echo "SUM = $SUM"
```

[설명]
4행: 반복 조건
6행: 반복 실행 문장
8행: SUM 값($SUM) 출력

다음과 같이 bash 명령으로 스크립트(seq_sum.sh)를 실행시킨다.

```
$ bash seq_sum.sh   ← 셸 스크리트(seq_sum.sh) 실행
SUM = 55
$
```

(3) while~do~done

셸 변수의 값은 기본적으로 문자열이므로 반복 횟수를 미리 알 수 없는 경우에는 for
가 부적합할 수 있다. 일련의 명령을 반복해서 실행하되 반복 횟수를 미리 알 수 없는
경우라면 while이 적합하다. while로 반복하는 프로그램 구조는 다음과 같다. do와
done 사이의 명령들은 조건이 true일 동안 반복 실행된다.

```
while [ 조건 ]
do
   반복 실행할 문장
done
```

예를 들어, while 반복문을 이용하여 1부터 10까지 합을 구하는 스크립트 (while_sum.sh)를 작성하여 실행시켜 보자.

```
$ vi while_sum.sh   ← 셸 스크리트(while_sum.sh) 편집
```

```
 1 #! /bin/bash
 2 #while_sum.sh
 3 SUM=0
 4 N=1
 5 while [ $N -le 10 ]
 6 do
 7 SUM=`expr $SUM + $N`
 8 N=`expr $N + 1`
 9 done
10 echo "SUM = $SUM"
```

[설명]
3,4행: SUM, N 값 초기화
5행: 반복 조건
7행: 반복 실행 문장
10행: SUM 값($SUM) 출력

다음과 같이 bash 명령으로 스크립트(while_sum.sh)를 실행시킨다.

```
$ bash while_sum.sh   ← 셸 스크리트(while_sum.sh) 실행
SUM = 55
$
```

(4) until~do~done

until은 while과 매우 유사하지만, 반복 조건이 반대이다. 주의할 점은 for 혹은 while 에서는 조건이 false이면 반복 실행을 멈추었지만, until에서는 조건이 true이면 반복 실행을 멈추는 것이다. until 문으로 반복하는 프로그램 구조는 다음과 같다.

```
until [ 조건 ]
do
    반복 실행할 문장
done
```

예를 들어, until 반복문을 이용하여 1부터 10까지 합을 구하는 스크립트 (until_sum.sh)를 작성하여 실행시켜 보자.

```
$ vi until_sum.sh  ← 셸 스크립트(until_sum.sh) 편집
```

```
 1 #! /bin/bash
 2 #until_sum.sh
 3 SUM=0
 4 N=1
 5 until [ $N -gt 10 ]
 6 do
 7 SUM=`expr $SUM + $N`
 8 N=`expr $N + 1`
 9 done
10 echo "SUM = $SUM"
```

[설명]
5행: 반복 조건
7,8행: 반복 실행 문장
10행: SUM 값($SUM) 출력

다음과 같이 bash 명령으로 스크립트(until_sum.sh)를 실행시킨다.

```
$ bash until_sum.sh  ← 셸 스크립트(until_sum.sh) 실행
SUM = 55
$
```

(5) break/continue/exit/return

반복문에서 분기할 수 있는 명령으로 break, continue, exit, return이 있다. break는
반복문에서 빠져나올 때, continue는 반복문의 조건으로 돌아갈 때, exit는 스크립트
실행을 종료할 때, 그리고 return은 호출한 함수로 돌아갈 때 사용된다. 예를 들어, 이
러한 명령을 이용하여 무한 반복 실행에서 분기하는 스크립트(break.sh)를 작성하여
실행시켜 보자.

```
$ vi break.sh  ← 셸 스크립트(break.sh) 편집
```

```
 1 #!/bin/bash
 2 #break.sh
 3 while [ 1 ]
 4 do
 5  echo "Enter your choice: B/C/E"
 6  read IN
 7  case $IN in
 8    B)
 9      break;;
10    C)
11      echo "Continue!"; continue;;
12    E)
13      echo "Exit!"; exit 0;;
14    *)
15      echo "Error!"; continue;;
16  esac
17 done
18 echo "Break while loop!"
```

[설명]
3행: 무한 반복 실행
6행: 표준 입력 문자열 변수(IN)
7행: 분기 조건

다음과 같이 bash 명령으로 스크립트(break.sh)를 실행시킨다.

```
$ bash break.sh   ← 셸 스크립트(break.sh) 실행
Enter your choice: B/C/E
C
Continue!
Enter your choice: B/C/E
B
Break while loop!
$
```

8.4 함수

셸에서 함수를 정의하는 것도 가능하다. 셸 함수는 다음과 같은 구조로 정의하며, 반드시 함수가 호출되기 전에 정의되어야 한다.

```
함수_이름() {
    실행할 문장
}
```

예를 들어, 단순한 함수를 사용하는 스크립트(func.sh)를 작성하여 실행시켜 보자.

```
$ vi func.sh   ← 셸 스크립트(func.sh) 편집
```

```
1 #!/bin/bash
2 #func.sh
3 func() {
4    echo "func() is called"
5 }
```

```
6 echo "Start!!!"
7 func
8 echo "End!!!"
```

[설명]
3행: func() 함수 정의
7행: func() 함수 호출

다음과 같이 bash 명령으로 스크립트(func.sh)를 실행시킨다.

```
$ bash func.sh  ← 셸 스크립트(func.sh) 실행
Start!!!
func() is called
End!!!
$
```

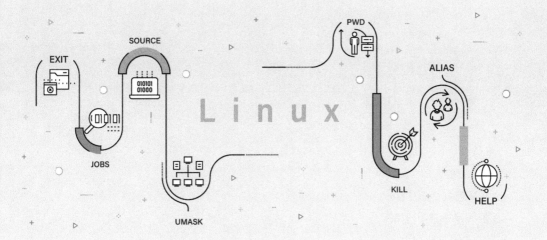

C H A P T E R

9

사용자 관리

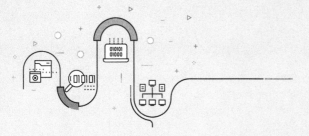

리눅스는 다중 사용자를 지원하는 시스템으로 사용자를 일반 사용자와 관리자로 구별한다. 관리자는 관리자(root) 권한을 가지고 시스템 전체를 관리할 뿐만 아니라 일반 사용자의 계정을 등록한다. 계정이 등록된 사용자만이 로그인하여 시스템을 사용할 수 있게 된다. 관리자가 일반 사용자의 계정을 등록할 때, 로그인 ID(사용자 이름)와 함께 UID(User ID)와 GID(Group ID)를 부여한다. 따라서 모든 사용자는 기본적으로 UID와 GID를 가지고 있으며 커널에서는 UID를 가지고 사용자를 구별한다. 커널은 사용자 관리에 필요한 모든 정보가 저장된 파일을 참조하여 관리한다. 이 장에서는 사용자 관리와 관련된 파일과 이를 참조하여 사용자 및 그룹을 관리하는 기본 명령들에 대하여 알아본다.

9.1 사용자 관리 파일

사용자 관리와 관련된 파일에는 다음과 같은 것들이 있다. 이 파일들의 구조와 저장된 정보에 대하여 알아본다.

- /etc/passwd
- /etc/shadow
- /etc/group
- /etc/gshadow
- /etc/login.defs

9.1.1 /etc/passwd 파일

사용자 관리에 필요한 기본적인 정보는 /etc/passwd 파일에 저장된다. /etc/passwd 파일의 구조는 다음과 같은 7개의 필드로 구성되어 있다. 각 필드는 콜론(:)으로 구분된다. 각 필드의 초깃값은 사용자 계정이 등록될 때 /etc/login.defs 파일에 저장된 정보를 참조하여 설정되며, 그 의미는 [표 9-1]과 같다.

```
username:password:UID:GID:comment:home_directory:login_shell
```

[표 9–1] /etc/passwd 정보

필드	의미
username	로그인 ID(사용자 이름)
password	암호(x:/etc/shadow 파일에 저장)
UID	사용자 ID
GID	사용자 ID가 속한 그룹 ID
comment	사용자 명세(이름, 부서, 연락처 등)
home_directory	홈 디렉터리 위치
login_shell	로그인 셸

예를 들어, 현재 시스템에 등록된 모든 사용자 계정과 각 사용자 계정에 대한 정보가 다음과 같은 형태로 /etc/passwd 파일에 저장되어 있음을 확인할 수 있다.

```
$ cat /etc/passwd     ← /etc/passwd 내용 보기
root:x:0:0:root:/root:/bin/bash
---<중간 생략>---
user1:x:1000:1000:,,,:/home/user1:/bin/bash
$
```

9.1.2 /etc/shadow 파일

사용자 암호에 관한 정보는 /etc/shadow 파일에 저장된다. /etc/shadow 파일 구조는 다음과 같은 9개의 필드로 구성되어 있다. 각 필드는 콜론(:)으로 구분된다. 각 필드 의 초깃값은 사용자 계정이 등록될 때 /etc/login.defs 파일에 저장된 정보를 참조하 여 설정되며, 그 의미는 [표 9-2]와 같다.

```
username:password:last:min:max:inactive:expire:reserved
```

[표 9-2] /etc/shadow 정보

필드	의미
username	로그인 ID(사용자 이름)
password	암호화된 패스워드(!: 잠금 상태)
last	최종 변경날짜(1970년 1월 1일 기준)
min	암호변경 후 사용해야 할 최소 기간
max	암호를 사용할 수 있는 최대 기간
warn	암호 만료 전, 경고 시작 일수
inactive	암호 만료 후, 사용 가능 일수
expire	사용자 계정 만료(1970년 1월 1일 기준)
reserved	예약(현재 사용하지 않음)

예를 들어, 현재 시스템에 등록된 모든 사용자의 암호에 관한 정보가 다음과 같은 형태로 /etc/shadow 파일에 저장되어 있음을 확인할 수 있다. /etc/shadow 파일은 관리자(root) 권한으로만 읽을 수 있으므로 sudo 명령을 이용하여 읽는다.

```
$ ls -l /etc/shadow    ← /etc/shadow 내용 보기
-rw-r----- 1 root shadow 1600  6월 27 11:54 /etc/shadow
$ sudo cat /etc/shadow
[sudo] password for user1:
root:$6$XU961.7dd.RQ7.T3$kBCj1:18986:0:99999:7:::
---<중간 생략>---
user1:$6$FqWJm4RQ8OlBRLWg$mJx8BX0:19004:0:99999:7:::
$
```

9.1.3 /etc/group 파일

사용자가 속한 그룹에 관한 기본정보는 /etc/group 파일에 저장한다. /etc/group 파일의 구조는 다음과 같은 4개의 필드로 구성되어 있다. 각 필드는 콜론(:)으로 구분된다. 각 필드의 초깃값은 사용자 계정이 등록될 때 /etc/login.defs 파일에 저장된 정보를 참조하여 설정되며, 그 의미는 [표 9-3]과 같다.

```
groupname:password:GID:group_member
```

[표 9–3] /etc/group 정보

필드	의미
groupname	그룹 이름
password	암호(x:/etc/gshadow 파일에 저장)
GID	그룹 ID
group_member	그룹 멤버(사용자 ID)

예를 들어, 현재 시스템에 등록된 모든 그룹과 각 그룹에 대한 정보가 다음과 같은 형태로 /etc/group 파일에 저장되어 있음을 확인할 수 있다.

```
$ cat /etc/group    ← /etc/group 내용 보기
root:x:0:
daemon:x:1:
bin:x:2:
sys:x:3:
adm:x:4:syslog,user1
---<중간 생략>---
user1:x:1000:
$
```

9.1.4 /etc/gshadow 파일

그룹의 암호에 관한 정보는 /etc/gshadow 파일에 저장된다. /etc/gshadow 파일 구조
는 다음과 같은 4개의 필드로 구성되어 있다. 각 필드는 콜론(:)으로 구분된다. 각 필
드의 초깃값은 사용자 계정이 등록될 때 /etc/login.defs 파일에 저장된 정보를 참조
하여 설정되며, 그 의미는 [표 9-4]와 같다.

```
groupname:password:admin:group_member
```

[표 9-4] /etc/gshadow 정보

필드	의미
groupname	그룹 이름
password	그룹 암호(!: 잠금 상태)
admin	그룹 관리자
group_member	그룹 멤버(사용자 ID)

예를 들어, 현재 시스템에 등록된 모든 그룹의 암호에 관한 정보가 다음과 같은 형태
로 /etc/gshadow 파일에 저장되어 있음을 확인할 수 있다. /etc/gshadow 파일은 관리
자(root) 권한으로만 읽을 수 있으므로 sudo 명령을 이용하여 읽는다.

```
$ sudo cat /etc/gshadow    ← /etc/gshadow 내용 보기
root:*::
daemon:*::
bin:*::
sys:*::
adm:*::syslog,user1
---<중간 생략>---
user1:!::
$
```

9.1.5 /etc/login.defs 파일

사용자 계정이 등록될 때 설정되는 기본값들은 /etc/login.defs 파일에 정의되어 있다. /etc/login.defs 파일에 저장된 정보에는 [표 9-5]와 같은 것들이 있다.

[표 9-5] /etc/login.defs 정보

정보	기본값	의미
MAIL_DIR	/var/mail	메일 디렉터리
PASS_MAX_DAYS	99999	암호 에이징 최대값
PASS_MIN_DAYS	0	암호 에이징 최소값
UID_MIN	1000	UID 시작 번호
UID_MAX	60000	UID 마지막 번호
GID_MIN	1000	GID 시작 번호
GID_MAX	60000	GID 마지막 번호

예를 들어, 현재 시스템의 /etc/login.defs 파일에 정의된 기본값을 다음과 같이 확인할 수 있다. /etc/login.defs 파일은 관리자(root) 권한으로만 읽을 수 있으므로 sudo 명령을 이용하여 읽는다.

```
$ sudo cat /etc/login.defs    ← /etc/login.defs 내용 보기
[sudo] password for user1:
# Configuration control definitions for the login package.
MAIL_DIR      /var/mail
---<중간 생략>---
# the default login shell on yoursystem.
PASS_MAX_DAYS      99999
PASS_MIN_DAYS      0
PASS_WARN_AGE      7
---<중간 생략>---
UID_MIN      1000
UID_MAX      60000
$
```

9.2 사용자 관리 명령

9.2.1 사용자 확인

일반적으로 사용자를 확인할 때 사용자 이름(로그인 ID)과 사용자 ID(UID)를 혼용하여 사용한다. 그러나 리눅스 커널에서는 로그인 ID와 UID를 구별하여 사용한다. 예를 들어 로그인 ID가 다르더라도 UID가 같으면 같은 사용자로 판단한다. 또한, UID를 RUID(Real UID)와 EUID(Effective UID)로 구별하여 사용한다. RUID는 실제(Real) 로그인할 때 사용한 UID로써 고정적이지만, EUID는 유효(Effective) UID로서 가변적이다. 일반적으로 RUID와 EUID의 값은 같지만, 특수한 상황에서는 서로 달라질 수 있다.

(1) logname

현재 셸의 로그인 ID(사용자 이름)를 보여준다.

```
$ logname
user1
$
```

(2) who

현재 시스템에 로그인 성공한 모든 사용자의 로그인 ID, 터미널 번호, 로그인 시간 등의 정보를 보여준다.

```
$ who
user1   :0      2022-01-19 23:22 (:0)
$
```

(3) whoami

현재 셸의 유효 사용자 ID(EUID)를 보여준다. 기본적으로 유효 사용자(EUID)와 실제 사용자 ID(RUID)는 같지만, 특수 상황에서는 서로 달라질 수 있다. 예를 들어, 다음과 같이 user1으로 로그인한 후, who, whoami 명령으로 사용자 ID를 확인해 보자. RUID와 EUID가 같음을 알 수 있다.

```
$ who
user1   :0      2022-01-21 21:42 (:0)
$ whoami
user1
$
```

이제, su 명령으로 user2 사용자로 전환할 경우, who, whoami 명령으로 사용자 ID를 확인해 보자. RUID와 EUID가 서로 다름을 알 수 있다. 즉, 현재 셸의 유효 사용자 ID(EUID)는 user2 이지만, 로그인 ID(RUID)는 user1임을 의미한다.

```
$ su user2      ← user2로 전환
Password:
$ who
user1   :0      2023-06-21 21:42 (:0)
$ whoami
user2
$ logname
user1
$ exit          ← user1으로 복귀
exit
$
```

(4) groups

현재 셸의 유효 사용자 ID(EUID)가 속한 그룹 ID를 보여준다. 기본적으로 사용자의 유효 사용자(EUID)는 실제 로그인 ID(RUID)는 같지만, 특수 상황에서는 서로 다를 수 있다. 예를 들어, 다음과 같이 su 명령으로 user2 전환한 후, groups 명령으로 사용자가 속한 그룹 정보를 확인해 보자. 유효 사용자(EUID)에 해당하는 그룹 정보임을 알 수 있다.

```
$ whoami
user1
$groups
user1 sudo
$ su user2     ← user2로 전환
Password:
$ whoami
user2
$ groups
user2
$ exit          ← user1으로 복귀
exit
$
```

(5) id

현재 셸의 유효 사용자(EUID)에 대한 UID 번호(이름), GID 번호(이름), 그리고 사용자가 속한 GID 번호(이름)를 보여준다. 예를 들어, 다음과 같이 su 명령으로 user2 전환한 후, id 명령으로 사용자 정보를 확인해 보자. 유효 사용자(EUID)에 해당하는 정보임을 알 수 있다.

```
$ id
uid=1000(user1) gid=1000(user1) groups=1000(user1)
$ su user2     ← user2로 전환
Password:
$ id
uid=1001(user2) gid=1001(user2) groups=1001(user2)
$ exit          ← user1으로 복귀
exit
$
```

9.2.2 사용자 계정 등록

사용자 계정은 adduser 혹은 useradd 명령을 사용하여 등록할 수 있으며 관리자 (root) 권한으로 실행하여야 한다. 사용자 계정을 등록하는 과정에서 기본적으로 다음과 같은 작업이 이루어진다.

① /etc/passwd 파일에 사용자 계정을 추가한다.
② /etc/group 파일에 사용자 계정의 그룹을 추가한다.
③ /etc/shadow 파일에 사용자 계정의 암호를 설정한다.
④ 사용자 계정의 홈 디렉터리 및 환경설정 파일을 생성한다.

(1) adduser

adduser 명령으로 사용자 계정을 등록하면 사용자 계정의 홈 디렉터리와 함께 기본 환경설정 파일이 생성된다. 사용자 계정의 암호는 adduser 명령을 실행하는 과정에서 부여하게 된다.

형식	adduser [옵션] 로그인 ID
기능	새로운 로그인 ID를 등록한다.
옵션	--uid : uid를 지정한다. --gid : gid를 지정한다. --home : 홈 디렉터리를 지정한다. --shell : 기본 셸을 지정한다. --gecos : 사용자에 대한 설명을 기술한다.

adduser 명령을 사용하여 사용자 계정이 등록될 때, /etc/passwd 파일에 설정되는 기본값들은 /etc/adduser.conf 파일에 저장되어 있다. /etc/adduser.conf 파일에 저장된 정보들에는 [표 9-6]과 같은 것들이 있다.

[표 9-6] /etc/adduser.conf 정보

정보	기본값	의미
DSHELL	/bin/bash	기본 셸
FIRST_UID	1000	UID 시작 번호
LAST_UID	59999	UID 마지막 번호
FIRST_GID	1000	GID 시작 번호
LAST_GID	59999	GID 마지막 번호
DHOME	/home	홈 디렉터리
SKEL	/etc/skel	기본 환경 파일 위치

예를 들어, 현재 시스템에 정의된 기본값들에 대한 정보는 다음과 같으며 기본 셸이 배시(/bin/bash)로 설정되어 있음을 확인할 수 있다.

```
$ cat /etc/adduser.conf    ← /etc/adduser.conf 내용 보기
# The DSHELL variable specifies
# the default login shell on yoursystem.
DSHELL=/bin/bash
#
# The DHOME variable specifies the directory containing users' home
# directories.
DHOME=/home
#
# The SKEL variable specifies the directory containing "skeletal" user
# files; in other words, files such as a sample .profile that will be
# copied to the new user's home directory when it is created.
SKEL=/etc/skel

---<중간 생략>---
FIRST_UID=1000
LAST_UID=59999

FIRST_GID=1000
LAST_GID=59999
$
```

① 옵션 없이 adduser 명령으로 사용자 계정(user3) 등록을 시도해 보자.

```
$ sudo adduser user3    ←사용자 계정(user3) 등록 시도
[sudo] password for user1:
Adding user `user3' ...
Adding new group `user3' (1003) ...
Adding new user `user3' (1003) with group `user3' ...
Creating home directory `/home/user3' ...
Copying files from `/etc/skel' ...
New password:
Retype new password:
passwd: password updated successfully
Changing the user information for user3
Enter the new value, or press ENTER for the default
      Full Name []:
      Room Number []:
      Work Phone []:
      Home Phone []:
      Other []:
Is the information correct? [Y/n] y
$
```

② /etc/passwd, /etc/group 파일을 확인해 보자. /etc/passwd, /etc/group 파일에 사용
   자 계정(user3)이 추가되었음을 알 수 있다.

```
$ grep user3 /etc/passwd    ←사용자 계정(user3) 등록 확인
user3:x:1002:1002:,,,:/home/user3:/bin/bash
$ grep user3 /etc/group
user3:x:1002:
$
```

③ /etc/shadow 파일을 확인해 보자. /etc/shadow 파일은 관리자(root) 권한으로만
   읽을 수 있으므로 sudo 명령을 이용하여 읽는다. 두 번째 필드에 암호화된 패스
   워드가 존재함을 알 수 있다.

```
$ sudo grep user3  /etc/shadow    ←사용자 계정(user1) 암호 확인
[sudo] password for user1:
user3:$6$pRe5LFRWHLp0:19008:0:99999:7:::
$
```

④ 사용자 계정(user3)의 홈 디렉터리(/home/user3)를 확인해 보자. 디렉터리와
함께 3개의 환경설정 파일이 생성됨을 알 수 있다. 한편, 환경설정 파일은
/etc/skel 디렉터리에 정의된 파일이 사용자 계정의 홈 디렉터리에 복사되는 것이
다.

```
$ sudo ls  -aF  /home/user3    ←사용자 계정(user1) 홈 디렉터리 확인
[sudo] password for user1:
./ ../ .bash_logout .bashrc .profile
$ ls  -aF  /etc/skel
./ ../ .bash_logout .bashrc .profile
$
```

(2) useradd

useradd 명령으로 사용자 계정을 등록할 경우, 사용자 계정의 홈 디렉터리가 생성되
지 않는다. 또한 사용자 계정을 등록한 후, 암호를 설정하여야 한다.

형식	useradd [옵션] 로그인 ID
기능	새로운 로그인 ID를 등록한다.
옵션	-u : uid를 지정한다. -g : gid를 지정한다. -d : 디렉터리를 지정한다. -s : 기본 셸을 지정한다. -m : 홈 디렉터리를 생성한다.

useradd 명령을 사용하여 사용자 계정이 등록될 때, /etc/passwd 파일에 설정되는 기본값들은 /etc/default/useradd 파일에 정의되어 있다. /etc/default/useradd 파일에 저장된 정보들에는 [표 9-7]과 같은 것들이 있다.

[표 9-7] /etc/default/useradd 정보

정보	기본값	의미
SHELL	/bin/sh	기본 셸
GROUP	100	기본 그룹 수
HOME	/home	홈 디렉터리
INACTIVE	-1	INACTIVE 비활성화
EXPIRE	-	계정 종료일
SKEL	/etc/skel	기본 환경 파일 위치
CREATE_MAIL_SPOOL	yes	메일 디렉터리 생성

예를 들어, 현재 시스템에 정의된 기본값들에 대한 정보는 다음과 같으며 기본 셸이 본 셸(/bin/sh)로 설정되어 있음을 확인할 수 있다.

```
$ cat /etc/default/useradd    ←/etc/default/useradd 내용 보기
# The SHELL variable specifies the default login shell.
# Similar to DSHELL in adduser.
SHELL=/bin/sh

---<이하 생략>---

$
```

① 옵션 없이 useradd 명령으로 사용자 계정(user4) 등록을 시도해 보자. /etc/passwd, /etc/group 파일에 사용자 계정(user4)이 추가되었지만, 사용자 계정의 홈 디렉터리가 생성되지 않음을 확인할 수 있다.

```
$ sudo useradd user4    ← 사용자 계정(user4) 등록
[sudo] password for user1:
$ grep user4  /etc/passwd    ← 사용자 계정(user4) 암호 확인
user4:x:1003:1003::/home/user4:/bin/sh
$ grep user4  /etc/group    ←사용자  계정(user4)의 기본 그룹 계정(user4) 확인
user4:x:1003:
$ sudo ls -aF /home/user4    ← 사용자 계정(user4)의 홈 디렉터리 확인
ls: cannot access '/home/user4': No such file or directory
$
```

② -m, -d 옵션과 함께 useradd 명령으로 사용자 계정(user5) 등록을 시도해 보자. 홈
   디렉터리(/home/user5)와 함께 환경설정 파일이 존재함을 알 수 있다. 이 파일은
   /etc/skel 디렉터리의 파일이 복사된 것이다. 홈 디렉터리는 관리자(root) 권한으
   로 생성되었으므로 sudo 명령을 이용하여 읽는다.

```
$ sudo useradd user5 -m -d /home/user5    ← 사용자 계정(user5) 등록
[sudo] password for user1:
$ sudo ls -aF /home/user5    ← 사용자 계정(user5)의 홈 디렉터리 확인
./  ../  .bash_logout  .bashrc  .profile
$ ls -aF /etc/skel
./  ../  .bash_logout  .bashrc  .profile
$
```

③ /etc/shadow 파일을 확인해 보자. etc/shadow 파일에 사용자 계정(user5)은 등록
   되었지만, 암호가 아직 설정되지 않음을 알 수 있다. 패스워드 필드의 '!' 표시는
   잠금 상태로서 로그인할 수 없음을 의미한다.

```
$ sudo grep user5  /etc/shadow    ← 사용자 계정(user5) 암호 확인
[sudo] password for user1:
user5:!:19536:0:99999:7:::
$
```

④ passwd 명령으로 사용자 계정(user5)의 암호를 부여하고 /etc/shadow 파일의 패
스워드 필드를 확인해 보자. 암호화된 패스워드가 존재함을 알 수 있다.

```
$ sudo passwd user5   ← 사용자 계정(user5) 암호 설정
New password:
Retype new password:
passwd: password updated successfully
$ sudo grep user5  /etc/shadow   ← 사용자 계정(user5) 암호 확인
user5:$6$DLQ//uXqS14MU60:19008:0:99999:7:::
$
```

9.2.3 사용자 계정 삭제

사용자 계정은 deluser 혹은 userdel 명령을 사용하여 삭제할 수 있으며 관리자(root)
권한으로 실행해야 한다. 사용자 계정을 삭제하는 과정에서 기본적으로 다음과 같은
작업이 이루어진다.

① /etc/passwd 파일에서 사용자 계정을 삭제한다.
② /etc/group 파일에서 사용자의 그룹 계정을 삭제한다.
③ /etc/shadow 파일에서 사용자 계정을 삭제한다.
④ 사용자 계정의 홈 디렉터리 및 파일을 삭제한다.

(1) deluser

deluser 명령으로 사용자 계정을 삭제할 경우, 기본적으로 홈 디렉터리는 물론 다른
디렉터리에 존재하는 사용자 계정 소유의 파일이 삭제되지 않는다.

형식	deluser [옵션] 로그인 ID
기능	로그인 ID를 삭제한다.
옵션	--remove-home : 홈 디렉터리를 삭제한다. --remove-all-files : 사용자 소유의 모든 파일을 삭제한다.

① 옵션 없이 deluser 명령으로 사용자 계정(user5)을 삭제한 후, /etc/passwd, /etc/group, /etc/shadow, 그리고 홈 디렉터리(/home/user5)를 확인해 보자. 사용자 계정(user5)은 삭제되었지만, 사용자 계정의 홈 디렉터리(/home/user5)가 삭제되지 않음을 알 수 있다. deluser 명령 실행과 /etc/shadow 및 홈 디렉터리(/home/user5) 검색은 관리자(root) 권한으로 실행해야 한다.

```
$ sudo userdel  user5           ← 사용자 계정(user5) 삭제
[sudo] password for user1:
$ grep user5  /etc/passwd
$ grep user5  /etc/group
$ sudo grep user5  /etc/shadow
$ sudo ls -aF  /home/user5      ← 홈 디렉터리(/home/user5) 확인
./  ../  .bash_logout  .bashrc  .profile
$
```

② --remove-home 옵션을 사용하여 홈 디렉터리와 함께 사용자 계정(user4)을 삭제한 후, /etc/passwd, /etc/group, /etc/shadow, 그리고 사용자 계정의 홈 디렉터리(/home/user4)를 확인해 보자.

/etc/passwd, /etc/group, /etc/shadow 파일에서 사용자 계정(user4)이 삭제되고, 홈 디렉터리(/home/user4)도 삭제됨을 알 수 있다. deluser 명령 실행과 /etc/shadow 및 홈 디렉터리(/home/user4) 검색은 관리자(root) 권한으로 실행해야 한다.

```
$ sudo deluser --remove-home user4      ← 사용자 계정(user4) 삭제
[sudo] password for user1:
$ grep user4  /etc/passwd
$ grep user4  /etc/group
$ sudo grep user4  /etc/shadow
$ sudo ls -aF  /home/user4       ← 홈 디렉터리(/home/user4) 확인
ls: cannot access '/home/user4': No such file or directory
$
```

(2) userdel

userdel 명령으로 사용자 계정을 삭제할 경우, 기본적으로 사용자 계정의 홈 디렉터리는 물론 다른 디렉터리에 존재하는 사용자 계정 소유의 파일이 삭제되지 않는다.

형식	userdel [옵션] 로그인 ID
기능	로그인 ID를 삭제한다.
옵션	-r : 홈 디렉터리를 삭제한다. -f : 로그인 상태라도 강제로 삭제한다.

① 옵션 없이 userdel 명령으로 사용자 계정(user3)을 삭제한 후, /etc/passwd, /etc/group, /etc/shadow, 그리고 사용자 계정의 홈 디렉터리(/home/user3)를 확인해 보자. 사용자 계정(user3)은 삭제되었지만, 사용자 계정의 홈 디렉터리(/home/user3)가 삭제되지 않음을 알 수 있다. userdel 명령 실행과 /etc/shadow 및 홈 디렉터리(/home/user3) 검색은 관리자(root) 권한으로 실행해야 한다.

```
$ sudo userdel  user3              ← 사용자 계정(user3) 삭제
[sudo] password for user1:
$ grep user3  /etc/passwd
$ grep user3  /etc/group
$ sudo grep user3  /etc/shadow
$ sudo ls -aF  /home/user3         ← 홈 디렉터리(/home/user3) 확인
./  ../  .bash_logout  .bashrc  .profile
$
```

② -r 옵션을 사용하여 홈 디렉터리와 함께 사용자 계정(user2)을 삭제한 후, /etc/passwd, /etc/group, /etc/shadow, 그리고 사용자 계정의 홈 디렉터리(/home/user2)를 확인해 보자. /etc/passwd, /etc/group, /etc/shadow 파일에서 사용자 계정(user2)이 삭제되고, 홈 디렉터리(/home/user2)도 삭제됨을 알 수 있다.

```
$ sudo userdel  -r  user2      ← 사용자 계정(user2) 삭제
[sudo] password for user1:
$ grep user2  /etc/passwd
$ grep user2  /etc/group
$ sudo grep user2  /etc/shadow
$ sudo ls -aF  /home/user2   ← 홈 디렉터리(/home/user2) 확인
ls: cannot access '/home/user4': No such file or directory
$
```

9.2.4 사용자 정보 및 암호 변경

사용자 계정의 정보 및 암호 관련 정보는 usermod, passwd, chage 명령을 사용하여 변경할 수 있으며 관리자(root) 권한으로 실행해야 한다.

(1) usermod : 기본 정보 변경

usermod 명령으로 사용자 계정의 다양한 정보를 변경할 수 있다.

형식	usermod [옵션] 로그인 ID
기능	로그인 ID의 정보를 변경한다.
옵션	-u : UID를 변경한다. -g : GID를 변경한다. -d : 홈 디렉터리를 변경한다. -m : 디렉터리의 파일을 변경한다. -s : 기본 셸을 변경한다. -l : 로그인 이름을 변경한다.

① -u, -s 옵션을 사용하여 사용자 계정(user2)의 UID와 기본 셸을 변경한 후, /etc/passwd 파일에서 해당 정보 필드를 확인해 보자. UID가 1001에서 2000으로, 기본 셸이 배시 셸(/bin/bash)에서 본 셸(/bin/sh)로 변경됨을 알 수 있다.

```
$ grep user2 /etc/passwd     ← 사용자 계정(user2) 정보 보기
user2:x:1001:1001::/home/user2:/bin/sh
$ sudo usermod -u 2000 -s /bin/sh user2     ← 사용자 계정(user2) 정보 변경
[sudo] password for user1
$ grep user2 /etc/passwd     ← 사용자 계정(user2) 정보 확인
user2:x:2000:1001::/home/user2:/bin/sh
$
```

② -d, -m, -l 옵션을 사용하여 사용자 계정(user2)의 홈 디렉터리와 로그인 ID를 변
경한 후, /etc/passwd 파일에서 해당 정보 필드를 확인해 보자. 사용자 ID가 user2
에서 guest로 변경되고, 홈 디렉터리가 /home/usr2에서 /home/guest로 변경되어
환경설정도 있음을 알 수 있다.

```
$ grep user2 /etc/passwd     ← 사용자 계정(user2) 정보 보기
user2:x:2000:1001::/home/user2:/bin/sh
$ sudo usermod -l guest -d /home/guest -m user2   ← user2의 정보 변경
[sudo] password for user1:
$grep guest /etc/passwd     ← 사용자 계정(user2) 정보 확인
guest:x:2000:1001::/home/guest:/bin/sh
$ sudo ls -aF /home/guest     ← 홈 디렉터리 확인
./  ../  .bash_logout  .bashrc  .profile
$
```

[2] passwd : 암호 변경

passwd 명령으로 사용자 계정의 암호를 변경할 수 있다. passwd 명령은 다른 사용자
계정의 암호를 변경할 경우, 관리자(root) 권한으로 실행해야 한다.

형식	passwd [옵션] 로그인 ID
기능	로그인 ID의 암호를 변경한다.
옵션	-d : 로그인 ID의 암호를 삭제한다. -l : 로그인 ID의 암호를 잠근다. -u : 로그인 ID의 잠긴 암호를 해제한다.

① -d 옵션을 사용하여 사용자 계정(user2)의 암호를 삭제한 후, /etc/shadow 파일에
　서 해당 정보 필드를 확인해 보자. 암호 필드가 공백임을 알 수 있다.

```
$ sudo grep user2 /etc/shadow    ← 사용자 계정(user2)의 암호 보기
[sudo] password for user1:
user2:$y$j9T$W9kr1aKHFFSDuAd1.Lh/pE8M3HJtPjAC:19536:0:99999:7:::
$ sudo passwd -d user2    ← 사용자 계정(user2)의 암호 삭제
passwd: password expiry information changed.
$ sudo grep user2 /etc/shadow    ← 사용자 계정(user2)의 암호 확인
user2::19536:0:99999:7:::
$
```

② 옵션 없이 사용자 계정(user2)에 암호를 설정한 후, /etc/shadow 파일에서 해당
　정보 필드를 확인해 보자.

```
$ sudo passwd user2    ← 사용자 계정(user2)의 암호변경
New password:
Retype new password:
passwd: password updated successfully
$ sudo grep user2 /etc/shadow    ← 사용자 계정(user2)의 암호 확인
user2:$y$j9T$W9kr1aKCWkkjEo1.Lh/pE8M3HJtPjAC:19536:0:99999:7:::
$
```

③ -l 옵션을 사용하여 사용자 계정(user2)의 암호 잠금을 시도한 후, /etc/shadow
　파일에서 해당 정보 필드를 확인해 보자. 패스워드 필드의 '!' 표시는 잠금 상태로
　서 로그인할 수 없음을 의미한다.

```
$ sudo passwd -l user2    ← 사용자 계정(user2)의 암호 잠금
passwd: password expiry information changed.
$ sudo grep user2 /etc/shadow
user2:!$y$j9T$W9kr1aKCWkkjEo1.Lh/pE8M3HJtPjAC:19536:0:99999:7:::
$
```

④ -u 옵션을 사용하여 사용자 계정(user2)의 암호 잠금 해제를 시도한 후, /etc/shadow 파일에서 해당 정보 필드를 확인해 보자. 패스워드 필드의 '!' 표시가 사라졌음을 알 수 있다.

```
$ sudo passwd -u user2    ← 사용자 계정(user2)의 암호 잠금 해제
passwd: password expiry information changed.
$ sudo grep user2 /etc/shadow    ← 사용자 계정(user2)의 암호 확인
user2:$y$j9T$W9kr1aKCWkkjEo1.Lh/pE8M3HJtPjAC:19536:0:99999:7:::
$
```

(3) chage : 시간 정보 변경

chage 명령으로 사용자 계정의 암호와 관련된 시간 정보를 확인 혹은 변경할 수 있다. 시간 정보는 /etc/shadow 파일에 저장된 다음 정보 중에서 날짜 및 시간과 관련된 밑줄 친 5개를 정보를 말한다.

username:password:last:min:max:inactive:expire:reserved
① ② ③ ④ ⑤

형식	chage [옵션] 로그인 ID
기능	사용자 암호의 시간 정보를 확인 및 변경한다.
옵션	-l : 현재 암호의 시간 정보를 확인한다. -d : LAST_DAY 값을 변경한다. -m : MIN_DAYS 값을 변경한다. -M : MAX_DAYS 값을 변경한다. -I : INACTIVE 값을 변경한다. -E : EXPIRE_DATE 값을 변경한다.

① -l 옵션을 사용하여 사용자 계정(user2)의 시간 정보를 확인해 보자. /etc/login.defs 파일에 설정된 기본값이 적용된 것이다.

```
$ sudo chage -l user2    ← 사용자 계정(user2)의 시간 정보 보기
[sudo] password for user1:
Last password change                           : Jun 17, 2023
Password expires                                : never
Password inactive                               : never
Account expires                                 : never
Minimum days between password change    : 0
Maximum days between password change    : 99999
Number of days of warning before password expires  : 7
$
```

② -E 옵션을 사용하여 사용자 계정(user2)의 EXPIRE_DATE 변경을 시도한 후, 확
인해 보자.

```
$ sudo chage -E 2023-12-31 user2    ← 사용자 계정(user2)의 시간 정보 변경
$ sudo chage -l user2
Last password change                           : Jun 17, 2023
Password expires                                : never
Password inactive                               : never
Account expires                                 : Dec 31, 2023
Minimum days between password change    : 0
Maximum days between password change    : 99999
Number of days of warning before password expires  : 7
$
```

9.2.5 사용자 전환

현재 사용자 계정에서 로그아웃하지 않고 다른 사용자 계정으로 전환할 수 있다.

[1] su

su(substitute user) 명령은 현재 사용자 계정에서 로그아웃하지 않고 다른 사용자 계
정으로 전환하여 로그인할 때 사용된다. 전환하려고 하는 사용자 계정의 암호가 필

요하다. 전환된 사용자 계정에서 로그아웃하면 이전의 사용자 계정으로 다시 전환된다.

형식	su [옵션] 로그인 ID
기능	다른 사용자 계정으로 전환한다.
옵션	- : 환경 변수의 값이 변경된다.

① 옵션 없이 관리자(root) 계정으로 전환을 시도한 후, 홈 디렉터리를 확인해 보자. 사용자 계정은 전환되었지만, 환경 변수($HOME)의 값은 변하지 않은 것을 알 수 있다.

```
$ echo $HOME    ← 환경 변수(HOME) 보기
/home/user1
$ su root    ← 관리자 계정(root) 전환
Password:
# echo $HOME    ← 환경 변수(HOME) 확인
/home/user1
# exit     ← 사용자 계정(user1) 복귀
$
```

② - 옵션과 함께 관리자(root) 계정으로 전환을 시도한 후, 홈 디렉터리를 확인해 보자. 사용자 계정은 물론 환경 변수($HOME) 값이 변한 것을 알 수 있다.

```
$ echo $HOME    ← 환경 변수(HOME) 보기
/home/user1
$ su - root    ← 관리자 계정(root) 전환
Password:
# echo $HOME    ← 환경 변수(HOME) 확인
/root
# exit     ← 사용자 계정(user1) 복귀
$
```

[2] sudo

sudo(superuser do)는 현재 사용자 계정에서 로그아웃하지 않고 관리자(root)권한으로 특정 명령을 실행할 할 때 사용된다. sudo 명령에 해당하는 실행 파일은 다음과 같이 SetUID 비트가 설정되어 있다. 따라서 6.3.2 절에서 소개한 것처럼 이 파일이 실행되는 동안에만 관리자(root) 권한이 부여되며, 명령 실행이 종료되면 이전 사용자 계정으로 유지된다.

```
$ ls -l /usr/bin/sudo    ← /usr/bin/sudo 상세 정보 보기
-rwsr-xr-x 1 root root 232416  4월  4 03:00 /usr/bin/sudo
$
```

일반 사용자가 이 파일을 sudo 명령으로 실행하려면, 사용자 계정이 /etc/sudoers 파일에 등록되어야 한다.

```
$ ls -l /etc/sudoers    ← /etc/sudoers 상세 정보 보기
-r--r----- 1 root root 780  1월 17 21:12 /etc/sudoers
$
```

그런데 /etc/sudoers 파일은 읽기 전용이므로 수정하기 위하여 특별한 편집기가 필요하다. /etc/sudoers 파일의 전용 편집기인 visudo를 사용하여 수정한다. visudo는 다음과 같이 관리자(root) 권한만 실행할 수 있다. 따라서 관리자(root) 계정으로 전환한 후, visudo 편집기를 실행하여 /etc/sudoers 파일의 내용을 확인하고 사용자 계정을 추가하면 된다.

```
$ ls -l /usr/sbin/visudo    ← /usr/sin/visudo 상세 정보 보기
-rwxr-xr-x 1 root root 223432  2월  3 2020 /usr/sbin/visudo
$ su - root  ← 관리자 계정(root) 전환
Password:
# visudo  ← /usr/sbin/visudo 파일 편집
```

```
# User privilege specification
root   ALL=(ALL:ALL) ALL
# Members of the admin group may gain root privileges
%admin ALL=(ALL) ALL
# Allow members of group sudo to execute any command
%sudo   ALL=(ALL:ALL) ALL
```

예를 들어, 다음과 같이 일반 사용자(user1, user2)에게 sudo 명령을 실행할 수 있는 권한을 추가 설정한다. user1에는 모든 명령을 실행할 수 있는 권한을 부여하고, user2에는 2개의 명령(adduser, usermod)만 실행할 수 있도록 제한하여 부여한 것이 다.

```
user1  ALL=(ALL:ALL) ALL
user2  ALL=/usr/sbin/adduser, /usr/sbin/usermod
```

또 다른 방법으로, 사용자 계정을 sudo 그룹의 멤버로 등록하면 된다.

예를 들어, 사용자 계정(user2)으로 로그인하거나 su 명령으로 사용자를 전환하면, 다음과 같이 "sudo 명령을 실행하려면 man sudo_root 참조하라"라는 도움말 메시지를 보여준다.

```
$ su user2   ← 사용자 계정(user2) 전환
Password:
To run a command as administrator (user "root"), use "sudo <command>".
See "man sudo_root" for details.
$
```

다음과 같이 user2에서 sudo 명령을 시도하면, "user2가 sudoers 파일에 없다"라는 오류메시지를 보여준다. 사용자 계정(user2)은 sudo 그룹의 멤버가 아니고, 사용자 계정(user1)은 sudo 그룹의 멤버임을 알 수 있다. exit 명령으로 user1으로 복귀한다.

```
$ sudo adduser user3    ← sudo 명령 시도
[sudo] password for user2:
user2 is not in the sudoers file.  This incident will be reported.
$ grep sudo  /etc/group    ← sudo 그룹 검색
sudo:x:27:user1
$ exit
```

user1에서 다음과 같이 adduser 명령으로 사용자 계정(user2)을 sudo 그룹에 등록한
다. 이제, user2도 sudo 그룹의 멤버로서 sudo 명령을 사용할 수 있다.

```
$ sudo adduser user2 sudo    ← 사용자 계정(user2)을 그룹(sudo)에 등록
[sudo] password for user1:
Adding user `user2' to group `sudo' ...
Adding user user2 to group sudo
Done.
$ grep sudo /etc/group    ← sudo 그룹 검색
sudo:x:27:user1,user2
$
```

9.3 그룹 관리 명령

9.3.1 그룹 등록

groupadd 혹은 addgroup 명령을 사용하여 새로운 그룹을 등록할 수 있다. 그룹 등록
은 기본적으로 /etc/group 파일에 그룹을 등록한다. 그룹 등록 명령은 관리자(root)
권한으로 실행하여야 한다.

(1) addgroup

addgroup 명령으로 새로운 그룹 ID를 등록할 경우, GID 값은 /etc/login.defs 파일에
설정된 범위 안에서 현재 사용할 수 있는 값 중에서 가장 작은 값이 할당된다.

형식	addgroup [옵션] 그룹 ID
기능	새로운 그룹 ID를 등록한다.
옵션	--gid : GID를 지정한다.

① 옵션 없이 addgroup 명령으로 그룹 ID(group1) 등록을 시도한 후, /etc/group과 /etc/gshadow 파일을 확인해 보자. 그룹 ID(group1)는 추가 등록되어 있지만, 암호는 설정되지 않음을 알 수 있다. /etc/gshadow 파일 검색은 관리자(root) 권한으로 실행해야 한다.

```
$ sudo addgroup group1   ← 그룹 계정(group1) 등록 시도
[sudo] password for user1:
Adding group `group1' (GID 1002) ...
Done.
$ grep group1  /etc/group ← 그룹 계정(group1) 등록 확인
group1:x:1002:
$ sudo grep group1  /etc/gshadow← 그룹 계정(group1) 암호 확인
group1:!::
$
```

② --gid 옵션과 함께 addgroup 명령으로 GID가 2000인 그룹 ID(group2) 등록을 시도한 후, /etc/group 파일을 확인해 보자.

```
$ sudo addgroup --gid 2000 group2   ← 그룹 계정(group2) 등록 시도
[sudo] password for user1:
Adding group `group2' (GID 2000) ...
Done.
$ grep group2  /etc/group   ← 그룹 계정(group2) 등록 확인
adgroup2:x:2000:
$ sudo grep group4  /etc/gshadow  ← 그룹 계정(group4) 암호 확인
group4:!::
$
```

(2) groupadd

groupadd 명령으로 그룹을 등록할 경우, GID 값은 /etc/login.defs 파일에 설정된 범위 안에서 현재 사용할 수 있는 값 중에서 가장 작은 값이 할당된다.

형식	groupadd [옵션] 그룹명
기능	새로운 그룹을 등록한다.
옵션	-g : GID 값을 지정한다.

① 옵션 없이 groupadd 명령으로 그룹(group3) 등록을 시도한 후, /etc/group과 /etc/gshadow 파일을 확인해 보자. /etc/group 파일에 그룹 ID(group3)는 추가 등록되어 있지만, 암호는 설정되지 않음을 알 수 있다.

```
$ sudo groupadd group3    ← 그룹 계정(group3) 등록 시도
Adding group `group3' (GID 1003) ...
Done.
$ grep group3  /etc/group   ← 그룹 계정(group3) 등록 확인
group3:x:1003:
$ sudo grep group3  /etc/gshadow   ← 그룹 계정(group3) 암호 확인
group3:!::
$
```

② -g 옵션과 함께 groupadd 명령으로 GID가 4000인 그룹 ID(group4) 등록을 시도한 후, /etc/group 파일을 확인해 보자.

```
$ sudo groupadd -g 4000 group4    ← 그룹 계정(group4) 등록 시도
Adding group `group4' (GID 4000) ...
Done
$ grep group4 /etc/group   ← 그룹 계정(group4) 등록 확인
group4:x:4000:
$
```

9.3.2 그룹 삭제

delgroup 혹은 groupdel 명령을 사용하여 등록된 그룹을 삭제할 수 있다. 기본적으로 /etc/group 파일에서 해당 그룹을 삭제한다. 그룹 삭제 명령은 관리자(root) 권한으로 실행하여야 한다.

[1] delgroup

옵션 없이 그룹 ID만 지정하면 해당 그룹 ID가 삭제된다. 예를 들어, 특정 그룹 (group2)을 지정하여 그룹 삭제를 시도한 후, /etc/group 파일에서 해당 그룹을 확인 해 보자.

```
$ sudo delgroup group2   ← 그룹 계정(group2) 삭제 시도
[sudo] password for user1:
Removing group `group2' ...
Done.
$ grep group2  /etc/group   ← 그룹 계정(group2) 삭제 확인
$
```

[2] groupdel

옵션 없이 그룹 이름만 지정하면 해당 그룹 ID가 삭제된다. 예를 들어, 특정 그룹 (group4)을 지정하여 그룹 삭제를 시도한 후, /etc/group 파일에서 해당 그룹을 확인 해 보자.

```
$ sudo groupdel group4   ← 그룹 계정(group4) 삭제 시도
[sudo] password for user1:
Removing group `group4' ...
Done.
$ grep group4  /etc/group   ← 그룹 계정(group4) 삭제 확인
$
```

9.3.3 그룹 정보 및 암호 변경

그룹의 정보 및 암호 관련 정보는 groupmod, gpasswd 명령을 사용하여 변경할 수 있으며 관리자(root) 권한으로 실행해야 한다.

(1) groupmod

groupmod 명령으로 그룹의 기본적인 정보를 변경할 수 있다.

형식	groupmod [옵션] 그룹 ID
기능	그룹 정보를 변경한다.
옵션	-g : 그룹의 GID를 변경한다. -n : 그룹명을 변경한다.

① -g 옵션과 함께 groupmod 명령으로 그룹 ID(group1)의 GID 변경을 시도한 후, /etc/group 파일을 확인해 보자. group1의 GID가 '1002'에서 '2000'으로 변경됨을 알 수 있다.

```
$ grep group1 /etc/group
group1:x:1002:
$ sudo groupmod -g 2000 group1     ← group1의 GID를 2000으로 변경 시도
[sudo] password for user1:
$ grep group1 /etc/group     ← group1의 GID를 2000으로 변경 확인
group1:x:2000:
$
```

② -n 옵션과 함께 groupmod 명령으로 그룹 ID(group1)의 그룹명 변경을 시도한 후, /etc/group 파일을 확인해 보자. 그룹명이 'group1'에서 'group2'로 변경됨을 알 수 있다.

```
$ grep group1 /etc/group
group1:x:2000:
$ sudo groupmod -n group2 group1    ← group1의 이름을 group2로 변경 시도
[sudo] password for user1:
$ grep group2 /etc/group    ← group1의 이름을 group2로 변경 확인
group2:x:2000:
$
```

(2) gpasswd

gpasswd는 기본적으로 그룹의 암호를 설정하는 명령이지만, 설정된 암호를 삭제하거나 그룹의 멤버 추가 및 삭제를 할 수 있다.

형식	gpasswd [옵션] [사용자 계정] 그룹 ID
기능	그룹 암호와 맴버를 관리한다.
옵션	-a : 사용자 계정을 GID에 추가한다. -d : 사용자 계정을 GID에 삭제한다. -r : 그룹 암호를 삭제한다.

① 옵션 없이 gpasswd 명령으로 그룹 ID(group2)의 암호 설정을 시도한 후, /etc/gshadow 파일을 확인해 보자. 그룹 ID(group2)의 암호가 설정되어 있음을 알 수 있다.

```
$ sudo grep group2 /etc/gshadow
group2:!::
$ sudo gpasswd group2    ← group2의 암호 설정 시도
Changing the password for group group2
New Password:
Re-enter new password:
$ sudo grep group2 /etc/gshadow    ← group2의 암호 설정 확인
group2:$6$t7WzKo15Yg/l$wYJBhCaItAuLr4pK7JqHSyuh::
$
```

② -a 옵션과 함께 gpasswd 명령으로 사용자 ID(user1)를 그룹 ID(group2)의 멤버로
추가시킨 후, /etc/group 파일을 확인해 보자. 사용자 ID(user1)가 그룹 ID(group2)
의 멤버로 추가됨을 알 수 있다.

```
$ grep group2 /etc/group
group2:x:2000:
$ sudo gpasswd -a user1 group2     ← user1을 group2에 추가 시도
Adding user user1 to group group2
$ grep group2 /etc/group     ← user1을 group2에 추가 확인
group2:x:2000:user1
$
```

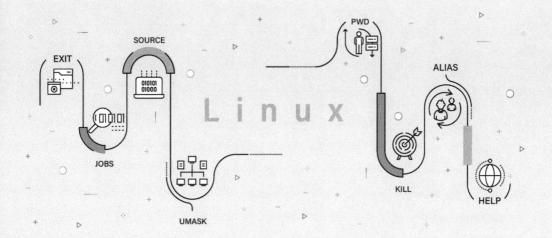

10

시스템 관리

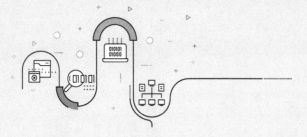

리눅스 시스템은 커널, 셸, 그리고 유틸리티 및 응용 프로그램으로 구성된다. 따라서 리눅스 시스템이 부팅된 후, 리눅스 프로그래밍에 필요한 도구를 포함하여 다양한 종류의 유틸리티 및 응용 프로그램을 설치하고 이를 관리하는 기능이 요구된다. 이 장에서는 리눅스 시스템의 부팅 과정, USB와 같은 저장장치를 사용하기 위한 파일 시스템, 그리고 새로운 패키지 설치 및 관리와 파일 압축 및 아카이브와 관련된 명령들에 대하여 알아본다.

10.1 부팅과 런 레벨

컴퓨터 전원을 켠 후, 로그인 프롬프트가 출력될 때까지의 일련의 과정을 부팅(booting)이라고 한다. 가상 머신을 이용한 리눅스 시스템의 경우, 호스트 시스템의 부팅과 리눅스 시스템의 부팅으로 나누어진다. 예를 들어, 윈도즈가 설치된 PC에 VMware를 이용하여 가상 머신을 생성하여 우분투를 설치한 경우, PC 전원을 켠 후, 윈도즈의 바탕화면이 나올 때까지의 PC 부팅과 바탕화면에서 VMware를 실행하여 우분투의 로그인 화면이 출력될 때까지의 리눅스 부팅으로 나누어진다. PC 부팅 과정은 1.1.2절에서 살펴보았으므로 여기에서는 리눅스 부팅 과정과 런 레벨에 대하여 알아본다.

10.1.1 부트 로더

부트 로더는 운영체제를 디스크와 같은 저장장치로부터 메모리에 적재하는 프로그램을 말한다. 리눅스의 대표적인 부트 로더에는 LILO와 GRUB가 있다. 우분투에서 기본으로 사용하고 있는 GRUB에 대하여 알아본다.

GRUB의 주된 역할은 리눅스 커널(/boot/vmlinuz)을 메모리에 적재하는 것이다. 리눅스 커널에 해당하는 vmlinuz 파일은 다음과 같이 vmlinuz-5.13.0-40-generic에 링크되어 있음을 알 수 있다.

```
$ ls -l  /boot/vmlinuz  lrwxrwxrwx 1 root root 25 Apr 22 20:27
                        /boot/vmlinuz -> vmlinuz-5.19.0-40-generic
$
```

GRUB는 부팅 과정에서 다음과 같은 파일을 참조한다.

- /boot/grub/grub.cfg
- /etc/default/grub
- /etc/grub.d

(1) /boot/grub/grub.cfg

이 파일은 설정을 위한 스크립트로써 /etc/default/grub와 /etc/grub.d 디렉터리 아래에 있는 다수의 스크립트에 의해 생성된다. 따라서 이 파일을 직접 편집하면 안 된다. 만약 설정된 내용을 수정하려면 /etc/grub.d와 /etc/default/grub 디렉터리 아래에 있는 스크립트를 수정해야 한다.

```
$ cat  /boot/grub/grub.cfg   ← /boot/grub/grub.cfg 내용 보기
#
# DO NOT EDIT THIS FILE
# It is automatically generated by grub-mkconfig using templates
# from /etc/grub.d and settings from /etc/default/grub
### BEGIN /etc/grub.d/00_header ###
if [ -s $prefix/grubenv ]; then
  set have_grubenv=true
  load_env
fi
if [ "${initrdfail}" = 2 ]; then
  set initrdfail=
elif [ "${initrdfail}" = 1 ]; then
  set next_entry="${prev_entry}"
---<이하 생략>---
```

(2) /etc/grub.d

/etc/grub.d 디렉터리에는 GRUB가 부팅 과정에서 실행되는 다음과 같은 다수의 스
크립트 파일이 저장되어 있다.

```
$ ls -F /etc/grub.d
00_header*        10_linux_zfs*      30_os-prober*      41_custom*
05_debian_theme* 20_linux_xen*      30_uefi-firmware*  README
10_linux*        20_memtest86+*  40_custom*
$
```

(3) /etc/default/grub

/etc/default/grub 파일에는 GRUB 메뉴 설정에 필요한 다음과 같은 정보가 저장되어
있으며 GRUB는 이 정보를 참조하여 **grub.cfg** 파일을 생성한다. 이 파일의 변경된
내용은 반드시 **update-grub** 명령으로 적용해야 한다.

```
$ cat /etc/default/grub   ← /etc/default/grub 내용 보기
# If you change this file, run 'update-grub' afterwards to update
# /boot/grub/grub.cfg.
# For full documentation of the options in this file, see:
#   info -f grub -n 'Simple configuration'
GRUB_DEFAULT=0
GRUB_TIMEOUT_STYLE=hidden
GRUB_TIMEOUT=0
GRUB_DISTRIBUTOR=`lsb_release -i -s 2> /dev/null || echo Debian`
GRUB_CMDLINE_LINUX_DEFAULT="quiet splash"
GRUB_CMDLINE_LINUX="find_preseed=/preseed.cfg auto noprompt
priority=critical   locale=en_US"   #   Uncomment   to   enable   BadRAM   filtering,
modify to suit your needs
# This works with Linux (no patch required) and with any kernel that obtains
# the memory map information from GRUB (GNU Mach, kernel of FreeBSD ...)
#GRUB_BADRAM="0x01234567,0xfefefefe,0x89abcdef,0xefefefef"
---<이하 생략>---
```

기본적으로, GRUB는 부팅 과정에서 GRUB 메뉴를 출력하지 않는다. 이제, 멀티 부팅을 위한 GRUB 메뉴가 보이도록 /etc/default/grub 파일을 변경해 보자.

① vi 명령으로 /etc/default/grub 파일의 내용을 다음과 같이 수정한다.

```
$ sudo vi /etc/default/grub  ← /etc/default/grub 내용 수정
```

```
GRUB_DEFAULT=0
GRUB_TIMEOUT_STYLE=menu ← 메뉴 출력
GRUB_TIMEOUT=10 ← 부팅 시간(10초)
---<중간 생략>---
:wq
```

② update-grub 명령으로 변경된 내용을 적용한다.

```
$ sudo update-grub  ← /etc/default/grub 내용 업데이트
Sourcing file `/etc/default/grub'
Sourcing file `/etc/default/grub.d/init-select.cfg'
---<이하 생략>---
$ reboot
```

③ reboot 명령으로 재부팅 하면, [그림 10-1]과 같은 GRUB 메뉴가 출력된다.

```
                    GNU GRUB  version 2.06

 *Ubuntu
  Advanced options for Ubuntu
  Memory test (memtest86+.elf)
  Memory test (memtest86+.bin, serial console)
```

[그림 10-1] GRUB 메뉴

10.1.2 런 레벨

부트 로더에 의해 메모리에 적재된 커널은 PID 0번 프로세스(swapper)를 만든
다. swapper는 다음과 같이 init 프로세스와 kthreadd 프로세스를 생성한다.

```
$ ps -ef
UID PID  PPID  C STIME TTY TIME CMD
root 1   0   0 01:03  ?  00:00:01 /sbin/init
root 2   0   0 01:03  ?  00:00:00 [kthreadd]
---<이하 생략>---
$
```

유닉스에서 1번 프로세스를 init 프로세스라고 불렀는데, 리눅스에서는 기능을 추가
하여 systemd 프로세스라고 부른다. 하지만, 다음과 같이 init를 systemd의 심볼릭
링크하여 여전히 init와 systemd를 혼용하여 사용하고 있다.

```
$ ls -l /sbin/init
lrwxrwxrwx 1 root root 20 Jan  9 20:56 /sbin/init -> /lib/systemd/systemd
$
```

리눅스에는 [표 10-1]과 같은 7가지의 런 레벨이 정의되어 있다.

[표 10-1] 런 레벨

런 레벨	심볼릭 링크	원본 파일	의미
0	runlevel0.target	poweroff.target	시스템 종료
1	runlevel1.target	rescue.target	단일 사용자
2	runlevel2.target	multi-user.target	다중 사용자
3	runlevel3.target		
4	runlevel4.target		
5	runlevel5.target	graphical.target	X-윈도우
6	runlevel6.target	reboot.target	재부팅

부팅 과정에서 init 프로세스는 런 레벨에 따라 다르게 실행된다. 다시 말해서 런 레벨에 해당하는 실행 파일을 실행한다. 각 런 레벨에 해당하는 실행 파일은 /lib/systed/system 디렉터리에 다음과 같이 심볼릭 파일로 저장되어 있다.

예를 들어, 런 레벨 0에 해당하는 runlevel0.target은 원본 파일 poweroff.target을 가리키는 심볼릭 링크 파일이다. 따라서 런 레벨이 0로 설정되어 있으면 poweroff.target을 실행함으로써 종료하게 된다. 또한 런 레벨이 1로 설정되어 있으면 rescue.target을 실행함으로써 단일 사용자 모드로 부팅하게 된다.

```
$ cd /lib/systemd/system
/lib/systemd/system$ ls -l runlevel?.target
lrwxrwxrwx 1 root root 15  3월 20 23:32 runlevel0.target -> poweroff.target
lrwxrwxrwx 1 root root 13  3월 20 23:32 runlevel1.target -> rescue.target
lrwxrwxrwx 1 root root 17  3월 20 23:32 runlevel2.target -> multi-user.target
lrwxrwxrwx 1 root root 17  3월 20 23:32 runlevel3.target -> multi-user.target
lrwxrwxrwx 1 root root 17  3월 20 23:32 runlevel4.target -> multi-user.target
lrwxrwxrwx 1 root root 16  3월 20 23:32 runlevel5.target -> graphical.target
lrwxrwxrwx 1 root root 13  3월 20 23:32 runlevel6.target -> reboot.target
/lib/systemd/system$
```

[1] 런 레벨 확인

현재 시스템의 런 레벨은 runlevel 혹은 systemctl 명령으로 확인할 수 있다.

```
$ runlevel  ← 현재 런 레벨 확인
N 5
$ systemctl get-default  ← 기본 런 레벨 확인
graphical.target
$
```

현재 시스템은 런 레벨 5(X-윈도우)로 부팅되었음을 의미한다. 따라서 부팅 과정에서 [그림 10-2]와 같은 X-윈도우 모드의 로그인 화면이 보인 것이다.

[그림 10-2] 런 레벨 5

시스템의 기본 런 레벨은 /lib/systed/system/default.target 파일이 가리키는 원본 파일에 해당한다. 현재 default.target은 graphical.target을 가리킨다. 즉, 기본적으로 부팅 과정에서 [그림 10-2]와 같은 X-윈도우 모드의 로그인 화면을 보이도록 설정된 것이다.

```
$ cd /lib/systemd/system
/lib/systemd/system$ ls -l default.target
lrwxrwxrwx 1 root root 16  3월 20 23:32 default.target -> graphical.target
/lib/systemd/system$
```

(2) 런 레벨 변경

런 레벨은 init 혹은 systemctl 명령으로 변경할 수 있다.

① init 명령은 런 레벨을 일시적으로 변경할 수 있다. 기본 런 레벨은 변경되지 않는다. 예를 들어, init 명령으로 런 레벨5에서 런 레벨3으로 변경하여 보자. [그림 10-3]과 같은 텍스트 모드의 로그인 화면이 보일 것이다. 하지만 재부팅 하면 기본 런 레벨 5로 부팅된다.

```
$ init 3  ← 런 레벨 3으로 재부팅 시도
$
```

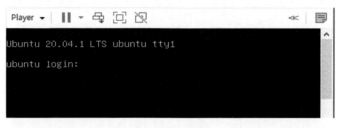

[그림 10-3] 런 레벨 3

② systemctl set-default 명령으로 런 레벨을 변경할 수 있다. 예를 들어, systemctl
set-default 명령으로 런 레벨을 3(multi-user.target)으로 변경을 시도한 후, reboot
명령으로 재부팅 시키면 [그림 10-3]과 같이 런 레벨 3의 텍스트 모드의 로그인
화면이 보일 것이다.

```
$ sudo systemctl set-default multi-user.target  ← 기본 런 레벨 변경 시도
Created symlink /etc/systemd/system/default.target
→ /lib/systemd/system/multi-user.target.
$ reboot  ← 재부팅
```

[그림 10-3]과 같은 로그인 화면에서 로그인하여 시스템의 기본 런 레벨을 가리
키는 default.target의 원본 파일을 확인해 본다. default.target의 원본 파일이
multi-user.target으로 설정됨을 알 수 있다. 다시 원래대로 기본 런 레벨을
graphical.target으로 설정한 후, reboot 명령으로 재부팅 시키자.

```
$ cd /lib/systemd/system
/lib/systemd/system$ ls -l default.target  ←기본 런 레벨 확인
lrwxrwxrwx 1 root root 16  3월 20 23:32 default.target -> multi-user.target
/lib/systemd/system$ sudo systemctl set-default multi-user.target
/lib/systemd/system$ reboot  ← 재부팅
```

10.2 파일 시스템

파일 시스템은 운영체제 구성요소 중의 하나로써 파일 생성 및 삭제, 그리고 읽기 및 쓰기와 같은 서비스를 제공한다. 파일은 운영체제에 의해 생성되고, 생성된 파일은 디스크와 같은 보조 기억 장치에 존재한다. 파일을 보조 기억 장치에 저장하고, 저장된 파일의 내용을 읽어오는 방법은 파일 시스템에 따라 다르다. 리눅스에서는 다양한 종류의 파일 시스템을 사용할 수 있다. 현재 시스템에서 사용할 수 있는 파일 시스템은 [그림 10-4]와 같이 /proc/filesystems 파일에서 확인할 수 있다.

리눅스의 기본 파일 시스템은 ext2, ext3, ext4이다. 오늘날에는 데이터 복구를 위한 저널링 기능이 추가된 ext3와 대용량을 지원할 수 있도록 기능이 확장된 ext4 파일 시스템이 많이 사용되고 있다. 하지만, 이들은 호환성을 유지하고 있으므로 여기에서는 가장 간단한 ext2를 기준으로 파일 시스템의 구조에 대하여 알아본다.

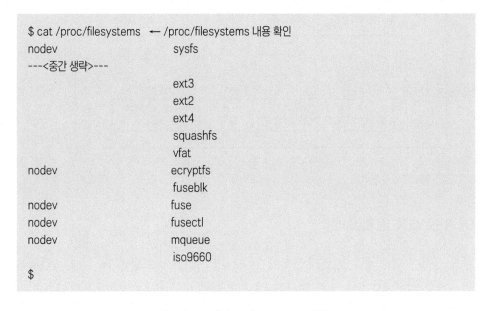

```
$ cat /proc/filesystems   ← /proc/filesystems 내용 확인
nodev               sysfs
---<중간 생략>---
                    ext3
                    ext2
                    ext4
                    squashfs
                    vfat
nodev               ecryptfs
                    fuseblk
nodev               fuse
nodev               fusectl
nodev               mqueue
                    iso9660
$
```

[그림 10-4] /proc/filesystems 내용

10.2.1 파일 시스템 구조

디스크와 같은 보조 기억 장치를 사용하기 위해서는 반드시 파티션을 생성한 후, 파일 시스템을 생성하여야 한다. 파티션마다 서로 다른 종류의 파일 시스템을 생성할 수 있다.

임의의 파티션에 ext2 파일 시스템을 생성할 경우, 파티션의 크기에 따라 블록 그룹의 개수는 다르겠지만, 기본적으로 [그림 10-5]와 같이 부트 블록과 여러 개의 블록 그룹(block group)으로 구성된다. 블록 그룹은 슈퍼 블록, 블록 디스크립터 블록, 블록 비트 맵 블록, I-노드 비트 맵 블록, I-노드 블록, 그리고 데이터 블록으로 구성된다. 일반 사용자가 사용하는 디렉터리 혹은 일반 파일의 데이터는 데이터 블록에 저장된다. 나머지 블록들은 파일 시스템에서 사용하는 정보가 저장된다.

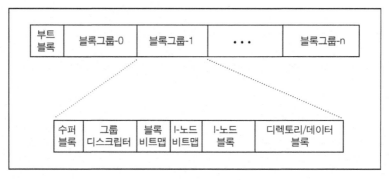

[그림 10-5] Ext2 파일 시스템 구조

[1] 부트 블록 [N Blocks]

부트 블록은 디스크의 첫 번째 블록에 위치하며 시스템이 부팅될 때, 리눅스 커널을 디스크로부터 메모리에 적재시켜 주는 부트스트랩(bootstrap) 루틴이 포함되어 있으므로 부트 블록이라고 부른다.

(2) 슈퍼 블록 [1 Block]

슈퍼 블록(super block)은 디스크의 두 번째 블록에 위치하며 디스크의 빈 공간 관리
와 할당 정책에 관련된 다음과 같은 중요한 정보를 가지고 있다.

① 총 I-노드 수 및 사용 가능 I-노드 수
② 총 블록 수 및 사용 가능 블록 리스트
③ 블록 크기(1KB, 2KB, 4KB)
④ 그룹당 I-노드 및 블록 수
⑤ 파일 시스템 크기와 상태
⑥ 생성한 운영체제
⑦ 파일 시스템이 마지막으로 갱신된 날짜 및 시간

이러한 정보들의 초깃값은 파일 시스템을 생성할 때, 시스템 관리자에 의해 설정되
며 파일 생성 및 삭제 과정에서 파일 시스템에 의하여 변경된다. 새로운 파일을 생성
할 경우, 사용 가능 디스크 블록을 빠르게 검색하기 위하여 슈퍼 블록의 내용은 부팅
시 메모리에 복사하여 유지한다. 메모리에 존재하는 슈퍼 블록의 내용이 변경되면
그 내용과 갱신된 날짜 및 시간을 주기적으로 디스크에 복사하여 디스크의 내용과
일치하도록 한다. 또한 손상될 경우, 복구를 위한 백업 슈퍼 블록을 유지한다.

(3) 블록 그룹 디스크립터 블록 [N Blocks]

블록 그룹 디스크립터 블록에는 각 블록 그룹을 관리하는데 필요한 정보로써 다음과
같은 내용을 가지고 있다.

① 블록 비트맵 블록 번호
② I-노드 비트맵 블록 번호
③ I-노드 테이블 블록 번호

④ 빈 블록 수

⑤ 빈 I-노드 수

⑥ 디렉터리 수

[4] 블록 혹은 I-노드 비트맵 블록 [1 Block]

블록 혹은 I-노드 비트맵 블록은 데이터 혹은 I-노드를 할당할 때, 빈공간을 찾기 위하여 블록 혹은 I-노드가 할당된 상태를 비트 단위로 표시한다. 즉, 비트 값이 0이면 블록 혹은 I-노드가 할당되지 않았음을 의미하고, 1이면 블록 혹은 I-노드가 할당되어 사용되고 있음을 의미한다. 블록 혹은 I-노드 비트맵은 각각 한 개의 블록을 사용하기 때문에 블록 크기에 따라 표시할 수 있는 블록 혹은 I-노드의 개수가 결정된다.

[5] I-노드 블록 [N Blocks]

리눅스에서는 각 파일에 대한 정보를 저장하기 위하여 I-노드(Index-node)라 일컫는 자료구조를 사용한다. 파일 시스템에 존재하는 각 파일은 하나의 I-노드를 갖고 있으며 I-노드마다 고유의 번호가 할당된다. I-노드 번호는 1부터 시작되며 루트 디렉터리(/)의 I-노드 번호는 2번으로 예약되어 있다. I-노드 블록은 여러 개의 블록으로 구성되고 다음과 같은 내용을 가지고 있다.

① 파일의 종류(일반 파일, 디렉터리, 장치 파일 등)

② 파일의 링크 수

③ 파일 소유자(uid, gid)

④ 파일의 크기

⑤ 파일이 저장된 블록 주소([15] * 4B)

⑥ 접근 모드 및 시간

파일에 대한 모든 정보를 가지고 있는 I-노드는 디스크에 존재하기 때문에 보통 "디스크 I-노드(disk- inode)"라고도 부른다. I-노드의 크기는 128B이며, 여러 개의 I-노드들이 배열 형태로 저장되어 있다. 따라서 블록 크기가 1KB일 경우, 블록당 8개의 I-노드가 존재할 수 있다.

한편 어떤 파일의 접근을 위해서는 그 파일에 해당하는 정보를 빠르게 검색해야 하므로 디스크 I-노드의 내용을 메모리에 복사하여 사용한다. 이것을 디스크 I-노드와 구별하여 "메모리 I-노드(in-core i-node)"라고 부른다. 결국, I-노드의 내용은 디스크와 메모리에 존재한다. 메모리의 변경내용을 디스크에 갱신시킬 필요가 있다. 서로의 내용이 항상 같지는 않다는 점을 유의하여야 한다.

I-노드의 중요한 정보 중의 하나는 해당 파일의 데이터가 존재하는 디스크 블록 주소이다. 디스크 블록 주소를 지정하기 위한 배열의 엔트리 수는 15개이며 각 엔트리 값은 [그림 10-6]과 같은 의미를 나타낸다.

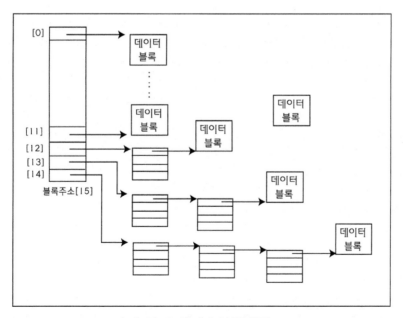

[그림 10–6] 데이터 블록 할당

즉, 처음 12개의 엔트리는 직접 데이터 블록을 가리키며 나머지 13, 14, 15번째 엔트리는 간접(indirect), 이중 간접(double indirect), 삼중 간접(triple indirect) 데이터 블록을 가리킨다. 따라서 삼중 간접에 의해 지정된 데이터 접근을 위해서는 실제 데이터 블록의 주소를 검색하기 위하여 세 번의 디스크 블록을 검색해야 하는 오버헤드가 있다. 그러나 이러한 디스크 블록 할당 정책은 I-노드의 크기를 작게 유지하면서 매우 큰 크기의 파일을 지원할 수 있는 장점이 있다.

예를 들어, 블록 크기가 1KB이고 블록 주소를 4B로 표현할 경우, 블록당 256개의 블록 주소를 지정할 수 있다. 이 경우 (12+256+256*256+256*256 *256)*1KB ≒ 16GB 크기의 파일 지원이 가능하다.

(6) 데이터 블록 [N Blocks]

I-노드 블록의 다음 블록에서부터 나머지 블록들은 일반 파일의 데이터 혹은 디렉터리 파일의 내용이 저장된다. 데이터 블록에는 일반 파일의 데이터가 저장되지만, 디렉터리 블록에는 파일명과 I-노드 번호 등이 저장된다. 저장된 내용이 일반 파일인지 디렉터리 파일인지에 대한 구별은 이 블록을 지정하고 있는 I-노드에 기록된 파일 종류에 의해 구별되어 진다.

10.2.2 파일 시스템 생성 및 마운트

리눅스에서 새로운 HDD 혹은 USB 같은 보조 기억 장치를 사용할 경우, 기본적으로 다음과 같은 일련의 작업이 필요하다.

① 장치 목록 확인 : lsbslk
② 파티션 생성 : fdisk/mke2fs
③ 파일 시스템 생성 : mkfs
④ 파일 시스템 마운트 : mount/umount

(1) 블록 디바이스 목록 확인 : lsblk

lsblk 명령을 사용하여 HDD 혹은 USB를 포함하여 현재 시스템에 연결된 블록 디바이스에 대한 목록을 확인할 수 있다.

형식	lsblk [옵션] [장치]
기능	블록 디바이스 목록을 보여준다.
옵션	-f : 파일 시스템에 대한 정보를 보여준다. -i : 트리 형태로 출력 -l : 리스트 형태로 출력 -p : 경로명 형태로 출력

예를 들어, 옵션 없이 lsblk 명령으로 현재 시스템에 연결된 블록 디바이스 목록을 확인하면 다음과 같다. 이 중에서 디스크 타입의 sda는 1장에서 리눅스를 설치할 때 할당한 25GB 용량의 디스크이며 파티션이 sda1, sda2, sda3로 나누어져 있음을 알 수 있다.

```
$ lsblk ← 블록 디바이스 목록 확인
NAME MAJ:MIN RM SIZE RO TYPE MOUNTPOINT
fd0       2:0    1  1.4M  0 disk
loop0     7:0    0    4K  1 loop   /snap/bare/5
loop1     7:1    0 63.3M  1 loop   /snap/core20/1879
loop2     7:2    0 63.4M  1 loop   /snap/core20/1950
loop3     7:3    0   73M  1 loop   /snap/core22/617
---<중간 생략>---
loop15    7:15   0  284K  1 loop   /snap/snapd-desktop-integration/10
loop16    7:16   0  452K  1 loop   /snap/snapd-desktop-integration/83
loop17    7:17   0 466.5M 1 loop   /snap/gnome-42-2204/111
sda       8:0    0   25G  0 disk
├─sda1  8:1    0    1M  0 part
├─sda2  8:2    0  513M  0 part  /boot/efi
└─sda3  8:3    0 19.5G  0 part  /var/snap/firefox/common/host-hunspell
sr0      11:0    1 126.5M 0 rom  /media/user1/CDROM
sr1      11:1    1  3.4G  0 rom  /media/user1/Ubuntu 22.04 LTS amd64
$
```

예를 들어, USB를 우분투가 실행 중인 PC의 USB 스롯에 꽂으면 [그림 10-7]과 같이 자동으로 인식된다. "가상 머신에 연결(Connect to a virtual machine)"을 선택하고 OK 클릭한다.

[그림 10-7] USB 장치 인식

이제, lsblk 명령으로 추가된 블록 디바이스 목록을 확인해 본다. 디스크 타입의 sdb가 추가되었다. 7.5GB 용량의 디스크이며 전체 영역이 하나의 파티션(sdb1)으로 할당되어 있음을 알 수 있다.

```
$ lsblk ← 블록 디바이스 목록 확인
NAME MAJ:MIN RM SIZE RO TYPE MOUNTPOINT
fd0       2:0    1  1.4M  0 disk
loop0     7:0    0   4K  1 loop   /snap/bare/5
loop1     7:1    0 63.3M 1 loop   /snap/core20/1879
---<중간 생략>---
loop17    7:17   0 466.5M 1 loop  /snap/gnome-42-2204/111
loop17    7:17   0 466.5M 1 loop  /snap/gnome-42-2204/111
sda       8:0    0   25G  0 disk
├─sda1    8:1    0    1M  0 part
├─sda2    8:2    0  513M  0 part  /boot/efi
└─sda3    8:3    0 19.5G  0 part  /var/snap/firefox/common/host-hunspell
sdb       8:16   1  7.5G  0 disk
└─sdb1    8:17   1  7.5G  0 part  /media/user1/64C4-1E86
sr0      11:0    1 126.5M 0 rom   /media/user1/CDROM
sr1      11:1    1  3.4G  0 rom   /media/user1/Ubuntu 22.04 LTS amd64
$
```

[2] 파티션 : fdisk

새로운 블록 디바이스를 사용하기 위해서는 먼저 파티션 작업을 해야 한다. 파티션은 전체 용량을 여러 개의 영역으로 나누는 것이다. 전체를 하나의 영역으로 사용할 수도 있지만, 전체를 하나의 영역으로 사용할 경우라도 반드시 파티션 작업을 해야 한다. 파티션 작업은 fdisk 명령으로 할 수 있으며 [표 10-2]와 같은 내부 명령을 이용한다.

형식	fdisk [옵션] [장치명]
기능	파티션을 관리한다.
옵션	-l : 파티션 정보를 출력

[표 10-2] fdisk 내부 명령

명령	기능
d	파티션 삭제
l	파티션 목록
n	새로운 파티션 생성
p	파티션 테이블 출력
q	저장하지 않고 종료
w	저장하고 종료

① 리눅스에서는 모든 장치를 파일로 취급한다. 따라서 fdisk 명령으로 파티션 작업을 하기 위해서는 파티션 작업을 하려는 블록 다바이스에 해당하는 장치 파일을 알아야 한다. 현재 시스템에 연결된 블록 디바이스의 목록은 lsblk 혹은 fdisk 명령으로 확인할 수 있다.

lsblk 명령으로 새롭게 연결된 USB에 해당하는 파일(/dev/sdb)을 이미 확인하였다. 이제, fdisk 명령으로 USB의 파티션을 생성해 보자. fdisk 명령은 슈퍼 유저(root) 권한으로 실행해야 한다.

```
$ sudo fdisk /dev/sdb    ← /dev/sdb 파티션 시작
[sudo] password for user1:
Welcome to fdisk (util-linux 2.37.2).
Changes will remain in memory only, until you decide to write them.
Be careful before using the write command.

Command (m for help):
```

② 새로운 파티션을 생성하기 위해 'n'을 입력한다.

```
Command (m for help):  n    ← 새로운 파티션 생성
Partition type
   p   primary (0 primary, 0 extended, 4 free)
   e   extended (container for logical partitions)

Select (default p):
```

③ 기본(primary) 파티션으로 생성하기 위해 'p'를 선택하고, 파티션 번호는 첫 번째 파티션 '1'를 선택한다.

```
Select (default p): p   ← 기본 파티션 선택
Partition number (1-4, default 1): 1
```

④ 파티션의 크기(시작~끝)를 나타내는 섹터 번호를 기본값(default)으로 지정하기 위해 <Enter> 키를 입력한다.

```
First sector (2048-62750687, default 2048): <Enter>   ← 기본값 선택
Last sector, (2048-62750687, default 62750687): <Enter>   ← 기본값 선택
Created a new partition 1 of type 'Linux' and of size 3.8 GiB.

Command (m for help):
```

⑤ 'p' 명령으로 USB(/dev/sdb)에 생성된 파티션(/dev/sdb1) 정보를 확인한다.

```
Command (m for help): p  ← 파티션 정보 확인
Disk /dev/sdb: 3.77 GiB, 4026531840 bytes, 7864320 sectors
Disk model: UDisk
Units: sectors of 1 * 512 = 512 bytes
Sector size (logical/physical): 512 bytes / 512 bytes
---<중간 생략>---
Device    Boot  Start      End  Sectors   Size  Id  Type
/dev/sdb1        2048  7864319  7862272  3.8G  83  Linux
Command (m for help):
```

⑥ 'w' 명령으로 저장 종료한다.

```
Command (m for help): w  ← 저장 종료
The partition table has been altered.
Calling ioctl() to re-read partition table.
Syncing disks.
$
```

[3] 파일 시스템 생성 : mkfs

이제, USB 파티션(/dev/sdb1)에 파일 시스템을 생성해 보자. mkfs 혹은 mke2fs 명령으로 파일 시스템을 생성할 수 있다. 여기에서는 mkfs 명령으로 파일 시스템을 생성해 본다. mkfs 명령은 슈퍼 유저(root) 권한으로 실행해야 한다.

형식	mkfs [옵션] 장치명
기능	파일 시스템을 생성한다.
옵션	-t : 파일 시스템 타입 지정(기본:Ext2) -v : 처리 과정 화면 출력

v 옵션과 함께 mkfs 명령으로 USB(/dev/sdb1)에 파일 시스템을 생성해 보자. 생성된 파일 시스템의 정보로써 타입(ext2), 블록 크기(4KB), i-node 및 블록 수, UUID 등을 확인할 수 있다.

```
$ sudo mkfs -v /dev/sdb1  ← 파일 시스템 생성
[sudo] password for user1:
mke2fs 1.45.5 (07-Jan-2020)
fs_types for mke2fs.conf resolution: 'ext2'
Filesystem label=
OS type: Linux
Block size=4096 (log=2)
---<이하 생략>---
$
```

(4) 마운트/언마운트 : mount/umount

USB에 생성된 파일 시스템을 접근하기 위해서는 루트 파일 시스템에 연결해야 한다. 루트 파일 시스템에 새로운 파일 시스템을 연결하는 작업을 마운트(mount)라고 하며, 연결된 루트 파일 시스템의 디렉터리를 마운트 포인트(mount point)라고 한다.

mount 명령으로 파일 시스템을 연결하고, umount 명령으로 해제할 수 있다. mount, umount 명령은 슈퍼 유저(root) 권한으로 실행해야 한다.

형식	mount/umount [옵션] 장치명
기능	파일 시스템을 마운트/언마운트한다.
옵션	-t : 파일 시스템 타입 지정

① mount 명령으로 USB(/dev/sdb1)의 파일 시스템을 루트 파일 시스템의 마운트 포인트(/home/user1/USB)에 마운트시킨 후, 마운트 상태를 확인해 보자. USB(/dev/sdb1)가 /home/user1/USB에 마운트되어 있음을 알 수 있다.

```
$ sudo mount /dev/sdb1 /home/user1/USB   ← 마운트 시도
[sudo] password for user1:
$ sudo mount   ← 마운트 상태 확인
---<중간 생략>---
/dev/sdb1 on /home/user1/USB type ext2 (rw,relatime)
$
```

② 이제, USB(/dev/sdb1)를 사용해 보자. 예를 들어, /etc/passwd 파일을 복사해 본다.

그런데 마운트 포인트(/home/user1/USB)의 소유자 및 그룹이 root로 설정되어 있으며 일반 사용자(user1)는 접근할 수 없다. 따라서 chown 명령을 사용하여 마운트 포인트(/home/user1/USB)의 소유자 및 그룹을 user1로 변경할 필요가 있다.

```
$ ls -ld USB   ← USB 디렉터리 정보 확인
drwxr-xr-x 3 root root 4096 Jan 23 05:00 USB
$ sudo chown -R user1:user1 USB    ← USB 디렉터리 소유자, 그룹 변경 시도
[sudo] password for user1:
$ ls -ld USB     ← USB 디렉터리 정보 확인
drwxr-xr-x 3 user1 user1 4096 Jan 23 05:00 USB
$ cp /etc/passwd .    ← /etc/passwd를 현재 디렉터리에 복사 시도
$ ls -l passwd
-rw-r--r-- 1 user1 user1 2829 Feb  5 18:55 passwd
$
```

③ 마지막으로, USB(/dev/sdb1)를 언마운트시켜 보자. USB(/dev/sdb1)가 마운트 목록에 없음을 알 수 있다.

```
$ sudo umount /dev/sdb1    ← 언마운트 시도
[sudo] password for user1:
$ mount | grep /dev/sdb1   ← 마운트 상태 확인
$
```

④ 한편, USB 메모리(/dev/sdb1)를 제거한 후 다시 꽂으면, [그림 10-7]과 같이 USB 장치의 연결상태를 자동으로 인식한다.

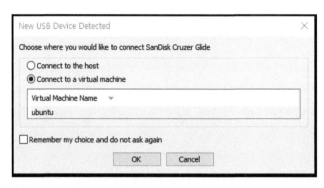

[그림 10-7] USB 장치 인식

[그림 10-7]에서 "가상 머신에 연결"을 선택하고 OK 클릭하면, 파일 시스템이 생성된 USB 메모리이므로 /media/... 디렉터리에 자동으로 마운트됨을 다음과 같이 확인할 수 있다. 따라서 사용자는 USB를 HDD의 루트 파일 시스템의 서브 디렉터리처럼 직접 사용할 수 있다.

```
$ sudo mount | grep /dev/sdb1   ← 마운트 상태 확인
[sudo] password for user1:
/dev/sdb1 on /media/user1/73c006fc-23f4-4c82
type ext2 (rw,nosuid,nodev,relatime,uhelper=udisks2)
$
```

10.3 패키지 관리

시스템에 유틸리티 및 응용 프로그램을 설치 혹은 삭제하기 위한 패키지 관리가 필요하다. 우분투 패키지의 파일명은 *.deb으로 데비안 계열의 형식이다. 이 패키지를 관리하기 위하여 dpkg, apt, aptitude 명령을 사용한다.

dpkg는 기본적으로 현재 시스템에 존재하는 패키지를 관리한다. 또한, 의존관계가 있는 모든 패키지가 설치되어 있어야 한다. 반면, apt와 aptitude는 관리하려는 패키지가 현재 시스템에 존재하지 않을 경우, 관리하려는 패키지가 저장된 외부 서버로부터 다운로드하여 설치한다. 따라서 apt와 aptitude는 온라인 관리를 위한 인터넷 연결이 요구된다.

일반적으로 패키지를 설치 및 삭제할 경우, apt 명령으로 충분하지만, 현재 시스템에 설치된 모든 패키지 목록 및 특정 패키지에 대한 세부 정보를 확인하려면 dpkg 명령이 필요하다. 또한, 온라인 패키지를 사용할 수 있도록 편의성을 제공하는 apt와 aptitude는 내부적으로 dpkg를 이용한다. 따라서 패키지를 관리하기 위하여 dpkg, apt, aptitude 명령을 사용한다.

10.3.1 dpkg

dpkg 명령은 기본적으로 현재 시스템에 존재하는 패키지를 관리한다.

형식	dpkg [옵션] [파일 또는 패키지]
기능	데비안 패키지를 관리한다.
옵션	-I : 해당 패키지의 기본 정보 -s : 해당 패키지의 상세 정보 -i : 해당 패키지를 설치 -r : 해당 패키지를 삭제 -P : 해당 패키지 및 설정 파일 삭제

[1] 패키지 목록 및 상태 확인 : -l, -s

① -l 옵션으로 현재 설치된 패키지의 목록을 확인해 보자.

```
$ dpkg -l
Desired=Unknown/Install/Remove/Purge/Hold
| Status=Not/Inst/Conf-files/Unpacked/halF-conf/Trig-pend
|/ Err?=(none)/Reinst-required (Status,Err: uppercase=bad)
||/ Name            Version           Architecture   Description
+++-==================================-=======
ii  accountsservice  0.6.55-0ubuntu12~20.04.5 amd64      query and mani
ii  acl             2.2.53-6            amd64        access control
ii  acpi-support    0.143              amd64        scripts for hand
ii  acpid           1:2.0.32-1ubuntu1   amd64        Advanced Config
ii  adduser         3.118ubuntu2        all          add and remove

---<이하 생략>---
```

② -l, -s 옵션으로 특정 패키지(gcc)에 대한 정보를 확인해 보자. 희망(Desired), 상태(Status), 이름(Name), 버전(Version)을 포함하여 CPU 및 기능 설명에 대한 정보를 볼 수 있다. 희망과 상태정보가 'un'으로 존재하지 않으며 설치되어 있지 않음을 의미한다.

```
$ dpkg -l gcc
Desired=Unknown/Install/Remove/Purge/Hold
| Status=Not/Inst/Conf-files/Unpacked/halF-conf/Trig-pend
|/ Err?=(none)/Reinst-required (Status,Err: uppercase=bad)
||/ Name   Version   Architecture   Description
+++-=============-===================================
un  gcc    <none>   <none>     (no description available)
$ dpkg -s gcc
dpkg-query: package 'gcc' is not installed and no information is available
Use dpkg --info (= dpkg-deb --info) to examine archive files.
$
```

(2) 패키지 설치 및 삭제 : -i, -r

① -i 옵션으로 특정 패키지(gcc) 설치를 시도해 보자. 다음과 같이 오류가 메시지가 출력된다. 그 이유는 해당 패키지(gcc)가 현재 시스템에 존재하지 않기 때문이다.

```
$ sudo dpkg -i gcc
dpkg: error: cannot access archive 'gcc': No such file or directory
$
```

② dpkg 명령은 시스템에 존재하는 패키지만을 설치한다. 따라서 새로운 패키지를 설치하기 위해서는 apt 명령을 사용하여야 한다. apt 명령을 사용하여 해당 패키지(gcc)를 다운로드를 시도한 후, 현재 디렉터리에 패키지 파일명(*.deb)의 존재 여부를 확인한다.

```
$ sudo apt download gcc
Get:1 http://us.archive.ubuntu.com/ubuntu focal/main amd64 gcc amd64 4:9.3.0-
----<중간 생략>---
$ ls *.deb
gcc_4%3a9.3.0-1ubuntu2_amd64.deb
$
```

③ 이제, -i 옵션으로 특정 패키지(gcc) 설치를 다시 시도한다.

```
$ sudo dpkg -i gcc_4%3a9.3.0-1ubuntu2_amd64.deb
Selecting previously unselected package gcc.
(Reading database ... 184730 files and directories currently installed.)
Preparing to unpack gcc_4%3a9.3.0-1ubuntu2_amd64.deb ...
Unpacking gcc (4:9.3.0-1ubuntu2) ...
Setting up gcc (4:9.3.0-1ubuntu2) ...
Processing triggers for man-db (2.9.1-1) ...
$
```

④ -l, -s 옵션으로 특정 패키지(gcc)에 대한 정보를 확인해 보자. -l 옵션에서 희망과 상태정보가 'ii'로 존재하며 설치되어 있음을 의미한다. -s 옵션에서 설치된 패키지에 대한 상세 정보를 확인할 수 있다.

```
$ dpkg -l gcc
Desired=Unknown/Install/Remove/Purge/Hold
| tatus=Not/Inst/Conf-files/Unpacked/halF-conf/Half-inst/trig-aWait/Trig-p
|/ Err?=(none)/Reinst-required (Status,Err: uppercase=bad)
||/ Name      Version       Architecture Description
+++-==============-==================-=========
ii  gcc        4:9.3.0-1ubuntu2 amd64     GNU C compiler
$dpkg -s gcc
Package: gcc
Status: install ok installed
Priority: optional
Section: devel
Installed-Size: 50
Maintainer: Ubuntu Developers <ubuntu-devel-discuss@lists.ubuntu.com>
Architecture: amd64
---<이하 생략>---
$
```

⑤ -r 옵션으로 특정 패키지(gcc) 삭제를 시도한 후, 확인해 보자. 희망과 상태정보가 'un'으로 존재하지 않으며 설치되어 있지 않음을 의미한다.

```
$ sudo dpkg -r gcc
(Reading database ... 184766 files and directories currently installed.)
Removing gcc (4:9.3.0-1ubuntu2) ...
Processing triggers for man-db (2.9.1-1) ...
$ dpkg -l gcc
---<중간 생략>---
||/ Name  Version    Architecture   Description
+++-==============-===============================
un  gcc   <none>   <none>   (no description available)
$
```

10.3.2 apt

apt 명령은 기본적으로 새로운 패키지를 설치할 수 있다. 패키지가 저장된 저장소의 URL 주소에 관한 정보는 /etc/apt/sources.list 파일에 저장되어 있다. apt 명령은 [표 10-3]과 같이 이전에 사용되던 **apt-get, apt-cache** 명령 중에서 자주 사용되는 기능들을 통합한 것으로 매우 편리하다. 여기에서는 apt 명령을 중심으로 알아본다.

[표 10-3] apt와 apt-get/apt-cache 명령

apt 명령	apt-get/apt-cache 명령	기능
apt install	apt-get install	패키지 설치
apt remove	apt-get remove	패키지 삭제
apt upgrade	apt-get upgrade	패키지 업그레이드
apt update	apt-get update	패키지 업데이트
apt purge	apt-get purge	패키지 및 설정 파일 삭제
apt autoremove	apt-get autoremove	패키지 및 의존 파일 삭제
apt show	apt-cache showpkg	패키지 기본 정보
apt search	apt-cache search	패키지 검색
apt download	apt-get download	패키지 다운로드
	apt-cache stats	패키지 상태 정보
	apt-cache depends	패키지 의존성
	apt-cache pkgnames	설치된 패키지 목록

(1) 패키지 설치 : install

특정 패키지 설치는 install 서브 명령으로 할 수 있다. 예를 들어, install 서브 명령으로 특정 패키지(gcc) 설치를 시도해 보자. 패키지를 실행하는 과정에서 계속 진행할 것인지에 대한 물음에 'y'를 입력하는 단계가 있다. 자동으로 입력되도록 실행하려면 다음과 같이 -y 옵션과 함께 install 서브 명령을 실행하면 된다.

```
$ sudo apt -y install gcc
[sudo] password for user1:
Reading package lists... Done
Building dependency tree
Reading state information... Done
Suggested packages:
  gcc-multilib autoconf automake libtool flex bison gcc-doc
The following NEW packages will be installed:
  gcc
---<중간 생략>---
Processing triggers for man-db (2.9.1-1) ...
$
```

install 명령으로 패키지가 설치되는 과정은 기본적으로 다음과 같다.

① /etc/apt/sources.list에서 해당 패키지가 저장된 저장소의 URL을 검색한다.
② 해당 패키지 설치와 관련된 패키지 목록을 저장소에서 다운로드한다.
③ 설치해야 할 패키지 목록과 저장공간을 화면에 출력하고, 진행 여부를 물어본다.
④ 'y'를 입력하면 설치에 필요한 모든 패키지 파일을 저장소에서 다운로드하여 자동으로 설치한다.

(2) 패키지 삭제 : remove, purge, autoremove

특정 패키지 삭제는 remove, purge, autoremove 서브 명령으로 할 수 있다. remove 명령으로 삭제할 경우, 패키지만 삭제하고 설정 파일은 남겨둔다. 반면, purge 명령으로 삭제할 경우, 설정 파일을 포함하여 패키지를 삭제한다. 마지막으로, autoremove 명령으로 삭제할 경우, 의존성과 관련된 파일까지 삭제한다. 설정 혹은 의존성과 관련된 파일을 남겨두는 이유는 동일 패키지를 다시 설치할 경우를 위함이다.

예를 들어, remove 명령으로 특정 패키지(gcc) 삭제를 시도해 보자. 패키지를 실행하는 과정에서 계속 진행할 것인지에 대한 물음에 'y'를 입력하는 단계가 있다. 자동으로 입력되도록 실행하려면 다음과 같이 -y 옵션과 함께 remove 명령을 실행하면 된다.

```
$ sudo apt -y remove gcc
[sudo] password for user1:
Reading package lists... Done
Building dependency tree
Reading state information... Done
The following packages will be REMOVED:
  gcc
---<중간 생략>---
Processing triggers for libc-bin (2.31-0ubuntu9.7) ...
$
```

(3) 패키지 다운로드 : download

특정 패키지 다운로드는 download 서브 명령으로 할 수 있다. 예를 들어, download 명령으로 특정 패키지(gcc) 다운로드를 시도해 보자. 현재 작업 디렉터리에 데비안 패키지 형식(.deb)의 파일이 있음을 알 수 있다. 아직 설치된 것은 아니다. 10.3.1절 에서 소개한 것처럼 dpkg 명령으로 설치할 수 있다.

```
$ sudo apt download gcc
[sudo] password for user1:
Get:1 http://us.archive.ubuntu.com/ubuntu focal/main amd64
gcc amd64 4:9.3.0-1ubuntu2 [5,208 B]
$ ls gcc*
gcc_4%3a9.3.0-1ubuntu2_amd64.deb
$
```

10.3.3 aptitude

aptitude 명령은 apt 명령과 매우 유사하다. apt 명령과 다른 점은 서브 명령에 해당하 는 메뉴를 제공하여 마우스를 사용하여 선택할 수 있도록 GUI 환경을 지원한다는 것이다. [표 10-4]와 같은 서브 명령을 사용하여 관리할 수도 있다.

[표 10-4] aptitude 명령

aptitude 명령	기능
aptitude install	패키지 설치
aptitude update	패키지 업데이트
aptitude upgrade	패키지 업그레이드
aptitude remove	패키지 삭제
aptitude purge	패키지 및 설정 파일 삭제
aptitude autoremove	패키지 및 의존 파일 삭제
aptitude show	패키지 기본정보
aptitude search	패키지 검색
aptitude download	패키지 다운로드

(1) 메뉴 모드

① 다음과 같이 aptitude 패키지가 설치되어 있지 않을 경우, apt install 명령으로
   aptitude 패키지를 설치한다.

```
$ aptitude
Command 'aptitude' not found, but can be installed with:
sudo apt install aptitude
$ sudo apt -y install aptitude
[sudo] password for user1:
Reading package lists... Done
Building dependency tree
Reading state information... Done
The following additional packages will be installed:
aptitude-common libcgi-fast-perl libcgi-pm-perl
The following NEW packages will be installed:
  aptitude aptitude-common libcwidget4 libfcgi-perl libio-string-perl
  libparse-debianchangelog-perl
---<중간 생략>---
Processing triggers for libc-bin (2.31-0ubuntu9) ...
$
```

② aptitude 명령을 실행하면 [그림 10-8]과 같은 화면이 나타난다.

```
$ aptitude
```

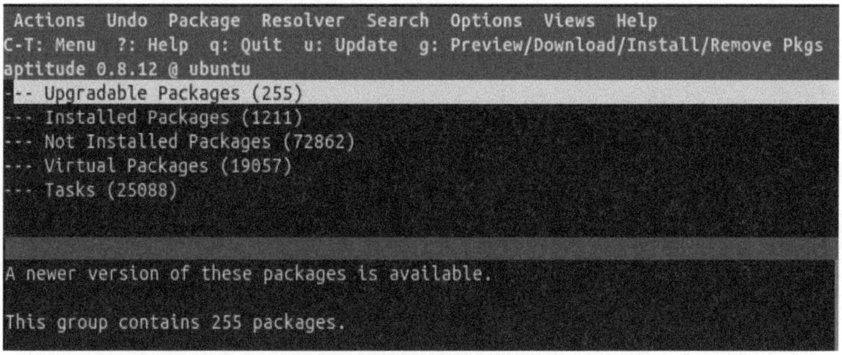

[그림 10-8] aptitude 실행화면

③ Actions 메뉴를 선택하면 [그림 10-9]와 같은 화면이 나타난다. 서브 메뉴를 선택하여 원하는 작업을 수행할 수 있다.

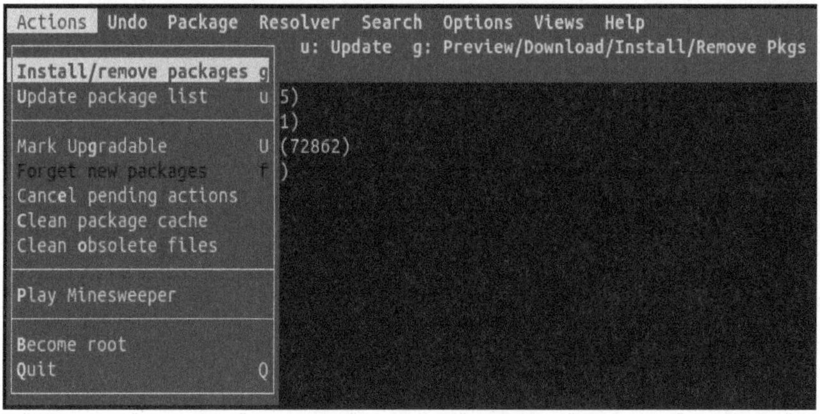

[그림 10-9] Actions 메뉴화면

[2] 명령 모드

aptitude를 명령 모드로 실행할 경우, apt 명령과 사용법 및 기능이 같다.

① 패키지 설치 : install

특정 패키지 설치는 install 서브 명령으로 할 수 있다. 예를 들어, install 명령으로 특정 패키지(gcc) 설치를 시도해 보자.

```
$ sudo aptitude -y install gcc
[sudo] password for user1:
Reading package lists... Done
Building dependency tree
Reading state information... Done
Suggested packages:
  gcc-multilib autoconf automake libtool flex bison gcc-doc
The following NEW packages will be installed:
  gcc
---<중간 생략>---
Processing triggers for man-db (2.9.1-1) ...
$
```

② 패키지 삭제 : remove, purge, autoremove

특정 패키지 삭제는 remove, purge, autoremove 서브 명령으로 할 수 있다. 예를 들어, remove 명령으로 특정 패키지(gcc) 삭제를 시도해 보자.

```
$ sudo aptitude -y remove gcc
Reading package lists... Done
The following packages will be REMOVED:
  gcc
---<중간 생략>---
Processing triggers for man-db (2.9.1-1) ...
$
```

10.4 파일 압축 및 아카이브

10.4.1 파일 압축 및 해제

파일을 압축하고 해제하는 명령에는 gzip/gunzip 혹은 bzip2/bunzip2가 있다.

[1] gzip/gunzip

형식	gzip/gunzip [옵션] 파일명
기능	.gz 형식으로 파일 압축/해제한다.
옵션	-h : 도움말 -d : 압축 파일을 해제 -k : 원본 파일 유지 -v : 진행 과정 화면 출력

① 파일 압축 : gzip

옵션 없이 gzip 명령으로 주어진 파일을 압축하여 확장자가 .gz인 파일을 생성한다. 예를 들어, gzip 명령으로 특정 파일(linux.tar)을 압축해 보자. 원본 파일(linux.tar)은 없어지고, 압축 파일(linux.tar.gz)이 생성됨을 알 수 있다. 원본 파일을 유지하려면 -k 옵션과 함께 실행한다.

```
$ ls -l linux.*
-rw-rw-r-- 1 user1 user1 20480 Jan 27 01:27 linux.tar
$ gzip linux.tar
$ ls -l linux.*
-rw-rw-r-- 1 user1 user1 752 Jan 27 01:27 linux.tar.gz
$
```

② 압축 해제 : gunzip

옵션 없이 gunzip 명령으로 주어진 압축 파일(.gz)의 압축을 해제한다. 한편, -d 옵션과 함께 gzip 명령으로 압축을 해제할 수도 있다. 예를 들어, gzip 명령으로 압축된 특정 파일(linux.tar.gz)을 해제해 보자. 원본 파일(linux.tar)이 복원됨을 알 수 있다.

```
$ ls -l linux.*
-rw-rw-r-- 1 user1 user1 752 Jan 27 01:27 linux.tar.gz
$ gunzip linux.tar.gz
$ ls -l linux.*
-rw-rw-r-- 1 user1 user1 20480 Jan 27 01:27 linux.tar
$
```

(2) bzip2/bunzip2

형식	bzip2/bunzip2 [옵션] 파일명
기능	.bz2 형식으로 파일 압축/해제한다.
옵션	-h : 도움말 -d : 압축 파일을 해제 -k : 원본 파일 유지 -v : 진행 과정 화면 출력

① 파일 압축 : bzip2

옵션 없이 bzip2 명령으로 주어진 파일을 압축하여 확장자가 .bz2인 파일을 생성한다. 예를 들어, bgzip2 명령으로 특정 파일(linux.tar)을 압축해 보자. 원본 파일은 없어지고, 압축 파일(linux.tar.bz2)이 생성됨을 알 수 있다. 원본 파일을 유지하려면 -k 옵션과 함께 실행한다.

```
$ ls -l linux.*
-rw-rw-r-- 1 user1 user1 20480 Jan 27 01:27 linux.tar
$ bgzip2 linux.tar
$ ls -l linux.*
-rw-rw-r-- 1 user1 user1 766 Jan 28 19:11 linux.tar.bz2
$
```

② 압축 해제 : bunzip2

옵션 없이 bunzip2 명령으로 주어진 압축 파일(.bz2)을 압축 해제한다. 한편, -d 옵션
과 함께 bzip2 명령으로 해제할 수도 있다. bzip2 명령으로 압축된 특정 파일
(linux.tar.bz2)을 해제해 보자. 원본 파일(linux.tar)이 복원됨을 알 수 있다.

```
$ ls -l linux.*
-rw-rw-r-- 1 user1 user1 766 Jan 28 19:11 linux.tar.bz2
$ bunzip2 linux.tar.bz2
$ ls -l linux.*
-rw-rw-r-- 1 user1 user1 20480 Jan 28 19:11 linux.tar
$
```

10.4.2 파일 아카이브

tar 명령으로 여러 개의 파일 혹은 디렉터리를 묶어서 확장자가 .tar인 하나의 아카이브
파일로 생성할 수 있고, 아카이브 파일(.tar)에서 다시 원본 파일을 추출할 수도 있다.

형식	tar 기능 [옵션] 파일명
기능	c : 새로운 아카이브 파일 생성 t : 아카이브 파일의 내용 r : 새로운 파일을 추가 u : 수정된 파일을 업데이트 x : 아카이브 파일에서 파일 추출
옵션	f : 아카이브 파일명 v : 처리 중 정보 출력 j : bzip2로 압축 혹은 해제 z : gzip으로 압축 혹은 해제

[1] 아카이브 파일 생성 : cvf

아카이브 파일을 생성하려면 c 기능을 사용하여야 한다. v 옵션은 처리 중 아카이브 파일에 포함되는 파일명을 화면으로 출력한다. f 옵션은 생성할 아카이브 파일명과 묶을 디렉터리 혹은 파일명을 나열한다. 예를 들어, tar 명령으로 2개의 파일(ser.c, cli.c)을 하나의 아카이브 파일(ser_cli.tar)로 생성하여보자. 처리 과정에서 묶이는 파일명(ser.c, cli.c)이 화면 출력되고, 아카이브 파일(ser_cli.tar)이 생성됨을 알 수 있다. 원본 파일은 그대로 남아 있다.

```
$ tar cvf ser_cli.tar ser.c cli.c
ser.c
cli.c
$ ls
cli.c  ser_cli.tar  ser.c
$
```

[2] 아카이브 파일 추출 : xvf

아카이브 파일을 추출하려면 x 기능을 사용하여야 한다. v 옵션은 처리 중 아카이브 파일에 포함되는 파일명을 화면으로 출력한다. f 옵션은 아카이브 파일명을 지정한다. 예를 들어, tar 명령으로 아카이브 파일(ser_cli.tar)을 추출해 보자. 추출과정에서 파일명(ser.c, cli.c)이 화면으로 출력되고, 원래대로 2개의 파일이 추출됨을 알 수 있다. 아카이브 파일(ser_cli.tar)은 그대로 남아 있다.

```
$ ls
ser_cli.tar
$ tar xvf ser_cli.tar
ser.c
cli.c
$ ls
cli.c  ser_cli.tar  ser.c
$
```

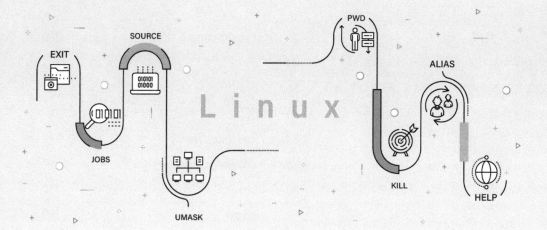

INDEX

〈개정판〉 리눅스 프로그래밍 입문을 위한 리눅스 시스템 기초 및 실습

1판 1쇄 발행 2022년 08월 05일
개정1판 1쇄 발행 2023년 08월 22일
개정1판 2쇄 발행 2024년 08월 20일
저   자 임성락
발 행 인 이범만
발 행 처 **21세기사** (제406-2004-00015호)
　　　　　경기도 파주시 산남로 72-16 (10882)
　　　　　Tel. 031-942-7861　　　Fax. 031-942-7864
　　　　　E-mail : 21cbook@naver.com
　　　　　Home-page : www.21cbook.co.kr
　　　　　ISBN 979-11-6833-047-4

정가 27,000원